THINK ON YOUR OWN!

ちきりん

CHIKIRIN

自分のアタマで考えよう

知識にだまされない思考の技術

ダイヤモンド社

はじめに

「ちきりん」という名前でブログを書きはじめたのは、２００５年の3月でした。自分の考えたこと、感じたことをネット上に開示することがなにを意味するのか、よく知らないまま気軽な気持ちではじめました。

「ちきりん」は、テレビゲームをするときに使っていたキャラクターネームです。この名前でゲームをするとなぜかよく勝てるので気に入っていました。ブログのタイトルも「Chikirinの日記」とシンプルなものにしました。書きはじめて3日ほどたったとき、ページビューを表わすカウンターが１日10くらい回り、「誰かが読んでくれている！」と感激しました。

その「Chikirinの日記」は現在、各エントリ（記事）が平均4万人（ユニークユーザー数）に読まれ、月間１００万から１５０万のページビューを集めるブログになりました。注目を集めるエントリの場合は10万人以上に読まれ、数百のソーシャルブックマークやツイッターによる言及が行なわれます。

ときには英語やフランス語に訳されたり、ポータルサイトやニュースサイトに紹介され、さらに最近は「ちきりん」としての執筆や、対談、講演にもお声をかけていただくようになりました。同じ名前でツイッターもはじめた今は、ネット上でのペンネームにすぎなかった「ちきりん」が、ひとつのキャラクターとして、「個」を確立しつつあるように感じます。

★　★　★

私がブログに書いているトピックは、政治や経済、国際関係やビジネスから、個人のキャリアのあり方、お金の使い方や流行モノについてなど、幅広く社会と人のありようをテーマにしたものです。匿名ブログということもあって自分の専門分野については書いていないので、どれをとっても素人の意見にすぎません。使っている情報も公に手に入るものばかりで特別なものではありません。

そんなブログが多くの方に読まれているのは、「ちきりん」の視点のもち方や感覚がユニークで、他の人とちょっと違う、ということが理由だと思います。

確かに私の意見には他ではあまり見られない独自の（ひねくれた？）視点が多く、また、ときには天邪鬼ともいえるほど世の中の大勢と反対のことを主張していたりします。

この本に書いたのは、そんな「ちきりん独自の視点」を生み出す源となっている「思考の方法論」です。誰でも目にする一般的なニュースや情報に接したとき、「ちきりん」というキャラクターはそれらをどのように自分のアンテナにひっかけ、取り入れているのか？取り入れた情報をどういう筋道で加工・分析しているのか？　ユニークな視点を得るために実践している頭の使い方とはどんなものなのか？　そういったことを自分なりに考え、言葉にしてみました。そして編集者の方から多大なご協力とインプットをいただいてようやくまとまったのがこの本です。

★
★
★

社会人になった最初のころ、上司から「考えが浅い！」「もっとよく考えろ！」と何度も叱られました。そしてそのたびに「考えろ、考えろって言うけど、これ以上、どうやって考えればいいのよ!?」と心の底で叫んでいました。

あの当時、「なにを考えればいいのか、どう考えればいいのか、この本を読めばわかるからまずはコレを読め！」と言ってもらえる本があったらずいぶんラクだったのに、と思います。そしてこの本を、あのころの自分に役立つような、わかりやすく、読んでいて楽しい「考えるための方法論をまとめた本」にしたいと考えるようになりました。

本書では各章にひとつずつ、「ちきりん」が日常的に使っている「思考のワザ」ともいえる考え方の手法を、使用例をまじえながらご紹介しています。「とりあえずこれだけ知っていれば、かなりのところまで考えることができるよね」と思えるよう、自分が学んできた方法論のほぼすべてを網羅したつもりです。

この本が、「考えるって、つまりなんなんだよ?」と思われている方、「なにをどう考えればいいのか、誰か教えてくれよ!」と(当時の私と同じように)感じていらっしゃる方のお役に立つことを心から祈っています。

ちきりん

目次

2

「なぜ？」「だからなんなの？」と問うこと

合計特殊出生率が上がっても少子化は止まらないです

3
あらゆる可能性を検討しよう
日本にも格安生活圏が必要では？

4
縦と横に比べてみよう
戦後経済の縦横比較から見える日本が進むべき道

5 判断基準はシンプルが一番

婚活女子を見習おう！

6

レベルをそろえて考えよう

生活者目線で霞ヶ関の組織図を書いてみた

7

情報ではなく「フィルター」が大事

就活のための企業研究が無意味なワケ

終 知識は「思考の棚」に整理しよう

世界の大事件、ＮＨＫ、ＢＢＣ、ＣＮＮはこんなに違ってた

序章

「知っている」と「考える」はまったく別モノ

プロ野球の未来について考えてみよう

「考える」というのはむずかしい概念です。「自分は今、必死で考えているんだ！」と主張する人の頭の中をのぞいてみたら、そこは、

ああ、どうしよう。困った。このままじゃダメだ！　とりあえず様子をみてみようか？　いやダメだ。それじゃあ悪くなるばっかりだ。なんとかしなくちゃ。でもどうすればいいんだろう？　誰かに相談すべきだろうか？　でも誰に？　誰に話せばいいんだ？　うーん、いったいオレはどうすればいいんだろう!?

という状態だったりします。これを私たちは「考えている」と呼ぶでしょうか？　これが「思考」でしょうか？

とてもそうは思えませんよね。むしろこれでは「なにも考えていない」状態に近い気さえします。

「自分の頭で考えることが重要だ」という言葉を聞くことも多いのですが、なぜわざわざこんな言い方をするのでしょう？　誰も「他人の頭で考える」ことはできません。なのに

「自分の頭で考える」という言い方まで存在するのはなぜでしょう？　などと、「考えるってなんだろう？」と考えていても、結局なにも考えられないので(!?)、ここでは例題を使って実際に考えてみましょう。

野球ファンの年齢層から考えると……

図1のグラフを見てください。これは、1970年と2010年におけるプロ野球ファンの年齢構成を表わすグラフです。無作為抽出で実施したアンケートに、自分はプロ野球ファンだと回答した人を年齢別に集計して、その割合をグラフにしたものだと思ってください。

なぜ「思ってください」と書いているかというと、これは架空のデータだからです。いかにもありそうなデータですが、ここでは「仮にこういう情報があったら」という前提で考えてみましょう。

まずはこのデータを見て、みなさんが「考えたこと」を書き出してみてください。データを見て〝わかること〟や〝言えること〟、さらに〝考えうること〟を、できるだけたく

図1　プロ野球ファンの年齢別構成比の変化

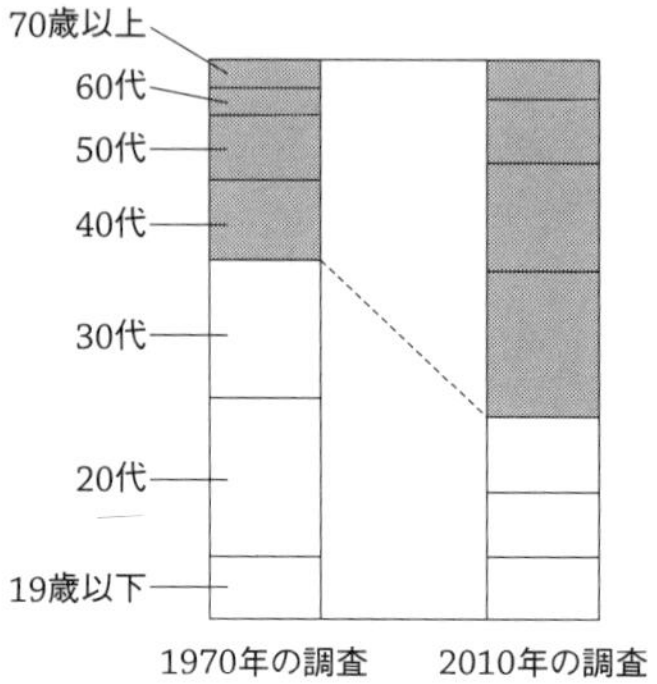

さん書いてみてください。

この情報からわかること、言えること

・？
・？
・？
・？
・？

いかがでしょう？　どんなことを考えられたでしょうか？

ちきりんの知人のAさんが、同じグラフを見て「考えたこと」を次のように書いてくれました。

この情報からわかること、言えること
•プロ野球ファンの高齢化が進んでいる。
•このままでは日本のプロ野球界の未来は暗い。
•プロ野球界は若いファンを増やすための努力をしていない。今後はそういった努力が必要だ。
•プロ野球は時代遅れになっている。
•いい選手が大リーグに流出しすぎて、日本の野球はおもしろくなくなっている（のではないか？）。

なるほど。どれももっともらしく聞こえますね。

ただ私には、これが「図1のグラフを見て、Aさんが自分の頭で考えた」ことだとは思えません。むしろAさんはこれらを「グラフを見る前から知っていた」のではないか、と思えるのです。

もしAさんがこれらの意見を、あのグラフを見なくても言えたのであれば、それは「図1の情報を見たうえでの思考の結果」ではなく、Aさんがもともともっていた「知識」です。

ここで、先ほど書いていただいたご自身の回答をもう一度見てください。そこに書かれているのは、みなさんが図1を見て「考えた」ことでしょうか？　それとも、図1を見る前から「知っていた」ことでしょうか？

実際のところ日本では、多くの人が（図1を見るまでもなく）プロ野球ファンが高齢化していること、巨人戦の視聴率でさえ大幅に下がっていることなどを知っています。「知っていること」は、通常「知識」と呼ばれており、「情報に基づく思考の結果」とは異なるのです。

なにも知らない人はどう考えるか？

「確かにあのグラフを見る前からそれらを知っていたけれど、でも図1を見れば、誰でもそう考えるのが当然じゃないか？」と言われるかもしれません。

でも、もしも本当になんの知識もなければ、すなわち、もし本当に「自分の頭で考えていれば」、回答はまったく違うものになりえるのです。たとえば、「日本のプロ野球についてなんの知識ももたない留学生のBさん」に聞いてみましょう。自分の国にはプロ野球自体が存在しないというBさんは、データを見ていくつかの質問を投げかけてきました。

序　「知っている」と「考える」はまったく別モノ

最初の質問は、「日本では、20代〜30代の人と、40代以上の人ではどちらが裕福ですか？」というものです。

回答は明らかですよね。日本では中高年や高齢者の方が若者より裕福です。資産（貯金）でも収入（給料）でも、若年者の厳しい経済状態とは比べものにならないでしょう。

Bさんはさらに聞いてきました。「余暇に使える時間は同じですか？　それとも年代によって違うのでしょうか？」

そうですね。余暇時間が長いのは60歳以上など定年後の人達でしょう。働いている人、特に小さな子供を育てている世代はとても忙しいです。

それらを聞いたあと、Bさんは自信をもって言い切りました。「日本のプロ野球界の未来はとても明るいですね。昔に比べてお金持ちのファンが増えています。また、定年後で余暇時間の長いファンも増えています。遊びや趣味の選択肢が多い若い人より、趣味が少なく余暇時間の多い高齢者のファンが増えているのはすばらしいことです。日本のプロ野球市場はこれからかなり有望ですね！」

なんとBさんには、日本のプロ野球界の暗い未来はまったく浮かばなかったようで、Aさんとは180度違う答えが返ってきました。

ここでもう一度Bさんの回答を読み返してみてください。どうでしょう？　Bさんの意見も、それなりに論理的だと思いませんか？

Bさんの回答を聞いて、「なにも知らない人がデータだけを見て〝頭でっかち〟なことを言い出した」「日本のプロ野球界の未来が明るいはずがない！」と言う方もあるかもしれません。しかしBさんの考えに基づいて、次のようなビジネスを企画したらどうでしょう？

- 「プロ野球の黄金期・スペシャルＤＶＤ」シリーズの発売
  - 第１巻：天覧試合ホームランなど長嶋茂雄の名場面集
  - 第２巻：王貞治、世界記録本塁打の直前１００打席の完全収録
  - 第３巻：野村克也の〝つぶやき〟名場面集
  - 第４巻：星野仙一、熱血名場面集
  - 第５巻：その他、往年の名選手や名試合を集中収録！
- 阪神優勝シーズン完全網羅ＤＶＤシリーズの発売

序　「知っている」と「考える」はまったく別モノ

～掛布、バース、真弓らが活躍した１９８５年を含む、各阪神優勝年の阪神戦をすべて収録！～

- ジャイアンツＶ９時代の試合を延々と流すケーブルテレビチャンネル
- イチローや野茂など、米国メジャーリーグで活躍する日本人選手が日本でプレーしていたころの名場面ＤＶＤ

（以上、選手名すべて敬称略）

これらを買いたい、見たいと思うシニアや中高年のファンはそれなりの数、存在していると思いませんか？　Bさんが指摘したように、それらの人達はお金をもっていて、ヒマで、エンターテイメントを強く求めているはずです。

じつはこれは、米国のプロゴルフ界がずいぶん前から取り組んでいるビジネスです。シニアプロのトーナメントを開催し、往年の名選手が登場します。それらの選手が若かりしころの試合のＤＶＤやケーブルテレビチャンネルでの放映も人気です。

プロスポーツがエンターテイメントとして巨大な市場を形成する米国でも、ゴルフは、若いファンをバスケットボールやアメフト、アイスホッケーなど、よりスピード感を楽しめるスポーツに奪われがちです。

そこで彼らはシニア層向けのビジネスも積極的に展開しています。米国でも日本同様、シニア層は若年層よりお金にも時間にも余裕があります。そして、自分が若いころにファンだった名選手を今でも応援し続けているというわけです。

さてここでもう一度、最初に出てきた図1のグラフと、それを見てAさんが考えたこと、さらに留学生のBさんが考えたことを振り返ってみましょう。Aさんはグラフを見た瞬間に「日本のプロ野球界の未来は暗い！」と確信し、一方のBさんは「ファンの高齢化はむしろビジネスチャンスかもしれない」と考えました。

前述したように、この意見の差は、「Aさんがもっていた日本のプロ野球界に関する知識」からきています。Aさんはこのことに関して知識が豊富だったので、「新たに得た情報に基づいて考える前に、自分が以前からもっていた知識を口にしてしまった」のです。

プロ野球は永遠に不滅です!?

序　「知っている」と「考える」はまったく別モノ

ここでやや不機嫌な表情でAさんが質問してきました。

「でも、高齢者は若者より早く死にます。若いファンを増やさなければプロ野球の未来は暗いという〝考え〟は正しいですよね？」と。

なるほどそうかもしれません。子供のころから褌《ふんどし》をはいていた（巻いていた？）世代は、パンツが普及しはじめてからも頑なに褌を愛用していたことでしょう。でもその世代が死んでしまうと、褌自体が市場から消えてしまいました。今や褌を売っている店を探すのもむずかしいです（実際に探したことはありませんが……）。

ではプロ野球も今の高齢者が死んでしまったらファンがいなくなるのでしょうか？　褌と同じように消えてしまう運命なのでしょうか？

ちょっと待ってください。たしかに褌はなくなったけれど、高齢者のファンが多いはずなのに案外なくならないものもあります。

たとえば演歌です。演歌ファンには中高年からシニア層が多いですよね。では、今の中高年やシニア層が死んでしまったら、演歌もなくなってしまうでしょうか？

別の聞き方をすれば、現在の演歌ファンである高齢者は若いときから演歌ファンだったのでしょうか？　もしかすると、若いころはビートルズやポップミュージックに熱狂していたのに、今は「坂本冬美と石川さゆりが心に沁《し》みるんだ！」などと言っている可能性はないでしょうか？

Aさんの言う「高齢者のファンが多いものは、先行きが暗い」というのは、一般論としてなににでも言えることなのか、という点が重要です。

焼き肉屋と牛丼屋が若者で溢《あふ》れていて、赤提灯の一杯飲み屋と和食中心の定食屋にシニアの客が溢れているとき、「一杯飲み屋と定食屋の未来は暗い」と言えるでしょうか？

微妙ですよね。むしろ「これからは高齢化社会だから、和定食屋の方が流行《はや》るよね！」と思う人も少なくないはずです。いつの世でも若い人は焼き肉など脂っこいものが好きだし、サッカーやバスケットボールのように躍動感のあるスポーツに興奮します。ただ、昔の日本には野球しかスポーツエンターテイメントが存在しなかったので、当時の若者は熱心に野球を見ていただけかもしれません。

このように、「ファンが高齢化している」ことと「将来の見通しが暗い」ということを自動的に結びつけることはできないのです。

片面だけの思考はダメ！

図1のグラフを見たときにAさんが考えたことと、Bさんが考えたことをまとめると次のようになります。

Aさんが考えたこと
日本のプロ野球界の未来は暗い。なぜならファンが高齢化しているからだ。高齢化したファンはそのうち死んでしまうので、プロ野球ファンがいなくなってしまう。プロ野球は早急に若いファンを取り戻すべく努力をすべきだ。

Bさんが考えたこと
日本のプロ野球界の未来は明るい。なぜなら現在のファンの多くは資金的に余裕があり、余暇時間も長く、他に娯楽も多くない高齢者だからだ。日本のプロ野球界は、シニア層のファン向けビジネスに積極的に乗り出すべきだ。

先ほどはAさんの意見に厳しい解説をしましたが、公正に言えば、AさんもBさんもなんらかのバイアスがかかっているともいえます。

というのは、Aさんは「悲観的である理由」ばかりを述べているし、Bさんは「楽観的である理由」だけを述べているからです。Aさん同様、Bさんにも「米国のゴルフ業界は、ファンの高齢化を逆手にとってシニア層向けのビジネスで儲けている」という「知識」が(図1を見る前から頭の中に)あったのかもしれません。

もしも本当に図1だけから考えれば、そこからは、

・プロ野球界の将来が明るいと思われる理由
・プロ野球界の将来が暗いと思われる理由

の両方が出てきてもおかしくありません。

その両方の理由をあげながら、「いいところと悪いところを比較したうえで、私は日本のプロ野球の未来は明るいと思います」とか「両面を考えましたが、私はこの業界にそんなに高い将来性はないと判断しました」と、いずれかの結論を選ぶのが、本当に「図1を見て考えた人」の回答だということです。

世の中の事象には、なんであれよい面と悪い面があります。結論は各人が思うところを

ひとつ選ぶわけですが、情報を見て考えられることをすべて列挙せよといわれたら、よい面と悪い面の両方が出てくるのが、「知識にだまされていない純粋な思考」の結果です。

ファンが高齢化したという事実は、自動的に「暗いだけの話」につながったり、「明るいだけの話」になったりはしないのです。

ある情報から楽観的なことしか読み取れない、反対に悲観的なことしか読み取れないのは、読み手に最初からバイアスがかかっているからです。なんらかの固定観念、既成概念、すなわち「もともと知っていること」に影響されているのです。

もうひとつ、Cさんの回答を見てみましょう。

Cさんが考えたこと

- プロ野球ファンの高齢化が進んでいる。高齢者はお金をもっているし、余暇時間をもてあましている。しかも若者より人口も多い。こんなにファンが高齢化しているなら、今後はもっとシニア向けのビジネスを展開すべきではないか？　その方が、経済的にゆとりがなく人数も減ってしまう若者向けのスポーツであり続けるより儲かるかもしれない。

- 一方で長期的にみれば、現在高齢のファンがいなくなったあと、今の若者が野球に興味をもたないまま中高年になれば、プロ野球はじり貧になってしまう。今の若者も年を取れば野球の魅力に気がついてくれるような仕掛けを提供していく必要があるのでは？

このように、知識にだまされずに自分の頭で考えれば、「ファンの高齢化」のよい面と悪い面の両方について思い浮かぶはずです。すべての可能性を考えたうえで「将来は楽観的」「悲観的」と、自分の意見を言うのは問題ありません。しかし、最初からどちらかの意見だけが頭に浮かんでくるとしたら、その思考には、目の前の情報以外のなにかが影響を与えているのではないかと疑ったほうがいいでしょう。

「思考」は「知識」にだまされる

図2を見てください。Aさんは日本のプロ野球についていろいろ知っているので、プロ野球ファンの年齢構成の変化についてデータを見たとたんに、さまざまな「知識」を自分の頭の中から無意識にひっぱり出してきています。

図2　知識にだまされる思考

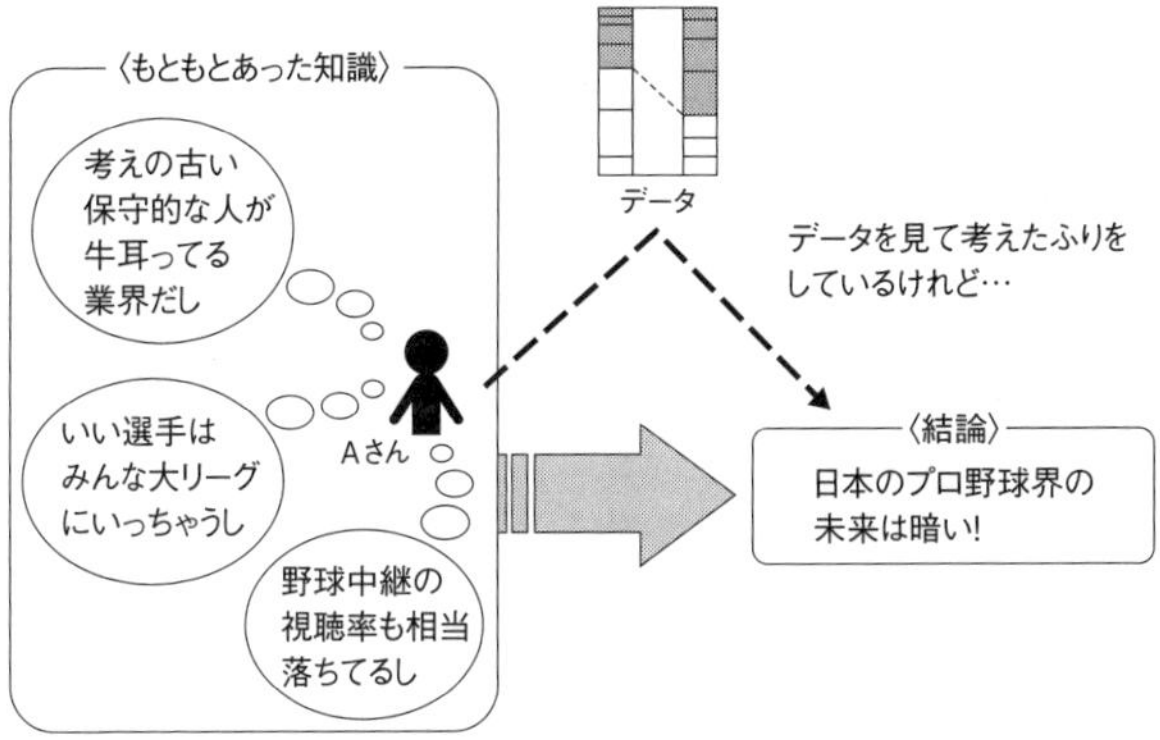

「日本のプロ野球界は、変革を嫌う超保守的な人達が牛耳《ぎゅうじ》っている」「最近はテレビ放映もめっきり減ってしまった」「いい選手はみんな大リーグに移籍してしまった」などの知識を、頭の中から出してくるのです。

そして、それらの知識に基づいて、今見たデータを自分の知識に合うように解釈し、「ほら、やっぱり日本のプロ野球界の未来は暗い！」と断じてしまっています。だからファンの高齢化という、それ自体いいとも悪いともいえない数字から、「悪いこと」だけを抽出してしまうのです。

これは思考ではなく、知識による思い込みです。

しかもやっかいなことに、多くの場合、Aさんがもっているのは正しい知識です。

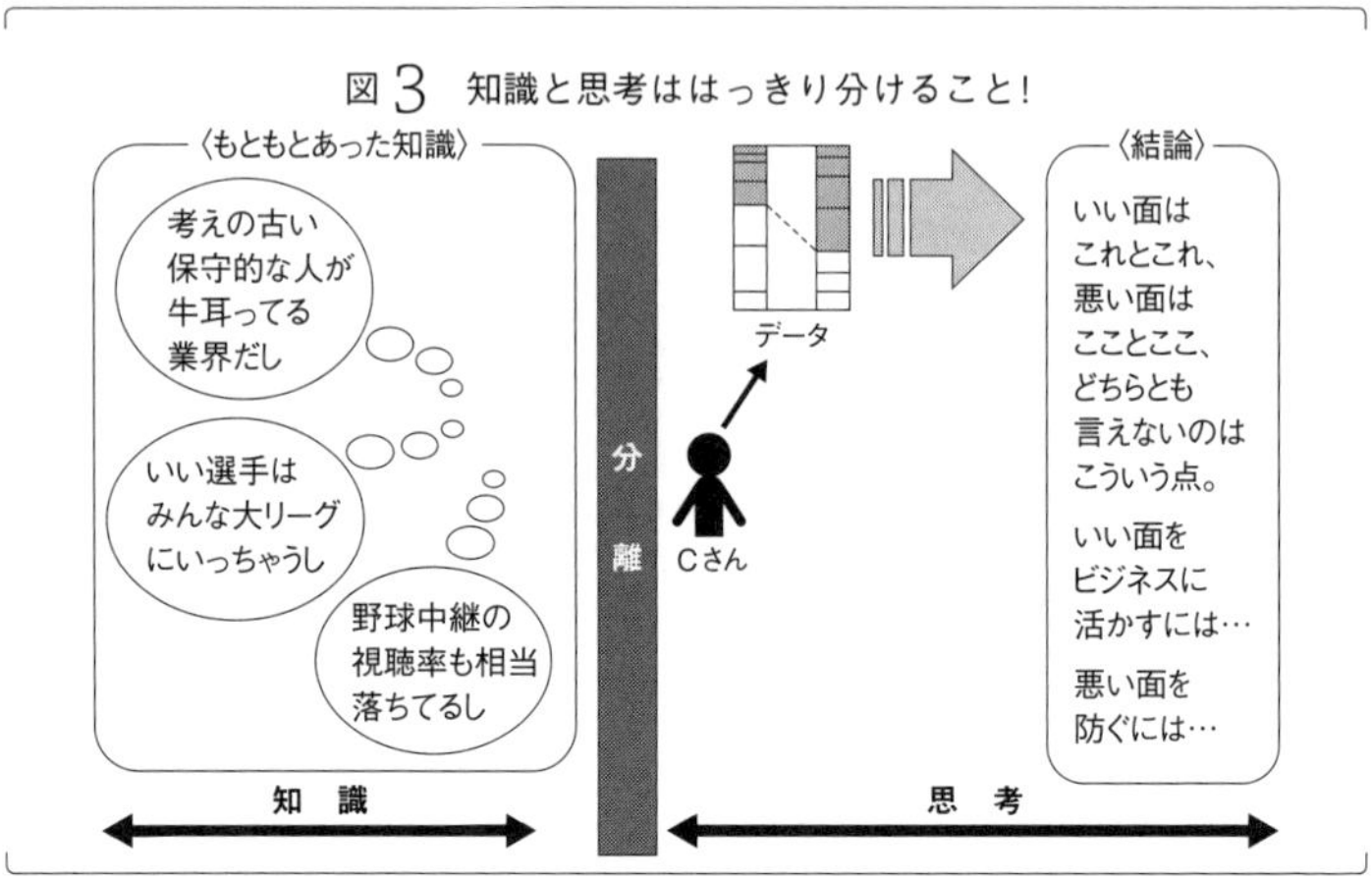

図3　知識と思考ははっきり分けること！

正しいから誰も否定できません。でも、たとえ正しくても、それは知識であって思考ではないのです。

せっかく新しい情報を見たのに、すでに頭の中にある知識をひっぱり出してきたら新しい思考は生まれません。図3のように、知識はちょっと横に置いておき、得た情報から新たに考えて初めて、今まで見えていなかった結論にたどり着けるのです。

「知識」は過去！「思考」は未来！

知識が思考の邪魔をするため、誰にとっても、自分が詳しい分野において斬新なアイデアを受け入れることは、よく知らない分野においてそうするよりはるかにむずかしいことです。

よく知らない分野であれば、革新的なアイデアを寛容に受け入れる人も、自分の専門分野については驚くほど保守的であったりします。保有する知識が多すぎて、どんなに斬新なアイデアを聞いても頭の中からひっぱり出してきた知識によって「そんなことは不可能だ。できるわけがない」と否定してしまうからです。

「詳しくなればなるほど、その分野での新しいアイデアに否定的になる」傾向が見られたら、「知識が思考を邪魔している」ことを疑ってみた方がよいでしょう。

反対に思考力のある人は、自分の専門分野においてさえ革新的で柔軟です。それは彼らが常にゼロから考えているからです。時代が変わり、世の中が変わり、新しい現象が出てきて新しい情報に触れたとき、過去の知識ではなく、目の前の情報から考えることができるかどうか。それが「考えることができる人」とできない人の分岐点です。もしくは、「時代の変化に気がつく人」と気がつかない人の違いともいえます。

また、知識の中で特に影響力が大きいのは、成功体験と結びついた知識です。過去に大成功したという記憶（それ自体がひと固まりの知識です）が、新しい情報に触れたときにシャシャリ出てきてゼロから考えることを妨げます。そうなると、せっかく時代の変革期に新しい情報に触れているのに、過去の知識に囚われてしまい、先入観をもたずに考えることができなくなります。

知識とは「過去の事実の積み重ね」であり、思考とは、「未来に通用する論理の到達点」です。ちきりんは知識の重要性を否定しているわけではありません。知識と思考を異なるものとして認識しましょうと言っているのです。

冒頭に、わざわざ「自分の頭で」考えるという言い方をするのはなぜだろう、と書きました。一部の「知識」は「過去において、他の人がその人の頭で考えた結果」です。それを私たちは書籍や講義、報道などを通して学んでおり、自分の頭の中に知識として保存しています。なにかを考えろ、と言われたときにそれを頭の中から取り出してくるのは、「他人の思考を頭の中から取り出してくる行為」に他なりません。

他人の思考は正しい場合もあれば間違っている場合もあります。時代や背景となる環境条件が異なる場合も多いでしょう。さらに危険なのは、それが「大きな権威をもつ、メディアや専門家の思考」である場合です。

その分野の大家と呼ばれる人が書き、歴史の判定を受けて長く生き残っている名著には、多くの場合「答え」が書いてあります。そんなすばらしい「答え」を目にしても、それに

序　「知っている」と「考える」はまったく別モノ

引きずられずに「自分で考える」ことができなければ、私たちは未知の世界に向けて新たな思考を拓《ひら》いていくことができません。

現代社会ではマスメディアの影響も絶大です。「金髪に鼻ピアス、下着が見えるほどずり下がった穴だらけのジーンズを履いた20代の若者」を見て、「信頼できそうにない」と思う人は少なくないでしょう。

けれどその人は、そういう風貌で実際に信頼できない若者を現実に一人でも知っているのでしょうか？「こういう風貌をしている若者は信頼できない」という知識を、ドラマや断片的なニュースからすり込まれているだけではないでしょうか？

このように、私たちはしばしば他人の考えをまるで自分の考えであるかのように錯覚します。だからその戒《いまし》めとして、「誰かが考えたことではなく、あなた自身が考えたことが重要なのですよ」という意味で、「自分の頭で考える」という言葉が使われるのでしょう。

自分の頭で考えること、それは「知識と思考をはっきりと区別する」ことからはじまります。「自分で考えなさい！」と言われたら、頭の中から知識を取り出してくるのではなく、むしろ知識をいったん「思考の舞台の外」に分離することが重要なのです。

第1章

最初に考えるべき「決めるプロセス」

会議を重ねてもなにも決まらないのはなぜ？

超重要プロジェクトの顛末

会社でこんな経験をされたことはないでしょうか？

ある日、社長から経営企画室長に「例の新規事業に今年こそ乗り出すべきか、社内で早急に検討してほしい。我が社の命運がかかっている」という指示がありました。業界でも大きな話題となっている注目分野への進出に関する判断ですから、全社横断的にメンバーが集められ特別チームが編成されることになりました。リーダーは経営企画室長である常務、社内からは、技術部門、営業部門、海外部門、法務部門、財務部門など主要部門の精鋭メンバーが呼び集められます。

初回の会議で経営企画室長は重々しく、プロジェクトの背景や、社長がどれほどこの件を重視しているか、また今後の進め方などを説明し、メンバーからの質問に答えます。数時間後、会議終盤には各部門にそれぞれ課題が出され、1週間後に再度集まって検討することになりました。

1週間後の第二回会合。技術部門が最新の技術動向についてプレゼンします。続いて法務部門の担当者が特許上の懸案事項について補足、財務部門は資金調達の選択肢について説明し、海外部門が米国の顧客動向について報告します。

さすが精鋭メンバー！　どの調査も質が高く、参加者も真剣に耳を傾け、活発な質問も発せられました。普段知る機会の少ない他部署の仕事について初めて学び、大いに勉強になったと興奮気味の若手メンバーもいます。

2時間後に会議は終了。手元のメモを見ながら、司会の企画室長が次回までに必要な作業をまとめました。「では次回、海外部門は欧州市場について報告をお願いします。あと、技術部門は耐久性の観点から補足調査を。それと法務部門には米国での係争案件について最新情報を把握しておいてほしい。それから……」と続きます。

1週間後の第三回会合。ここでも各部門から完璧ともいえる調査報告がなされます。参加者はみな真剣に他部門の説明を聞き、鋭い質問が出たり、散発的ではあるけれど熱心な議論が行なわれたり……。

2時間後、司会の企画室長は手元のメモを見ながら今回も各部門に新たな調査分析を割り振ります。「今回出た案がライバル社の特許侵害にならないかどうかは、もう少し法務部門で突っ込んで調べてもらったほうがいいですね。あと、技術部門にお願いしたいのは……」

と、こういう会議が毎週続くわけです。が、いつまでたってもなにも決まりません。我が社はその新規事業に乗り出すべきなのか、今は動かずに静観すべきなのか。どこかと提携する可能性を探るべきか、それとも単独進出を目指すのか、なにひとつ決まらないのです。

メンバーの手元にある資料のフォルダーは、会合を重ねるごとに分厚くなります。その資料のクオリティたるや、今やそのまま出版できるほどです。でも……なにも決まりません。なにも決まらないまま、ただただすばらしいレポートが積み重なっていくのです。

ある日の朝、いつものように社長は自宅を出て迎えにきた社用車に乗り込みました。運転手が車内テレビをつけると、朝のビジネスニュースが流れてきます。そこでキャスターが伝えはじめたのは、なんとライバル会社がその新規事業に進出することを決めたというニュースでした。しかも異業種の大手企業と提携することもすでに決まったというのです！

驚いた社長はすぐに携帯電話で企画室長に電話しました。「常務、あの新規事業の件、うちでの検討はどうなってるんだ？　もう3ヶ月もたつじゃないか!?」

そのころ、常務も同じニュースを見て青くなっていました。「これは、やばい！」……そこに社長からの電話です。常務は言いました。「はい、社長、ちょうど今日、ご報告にあがろうと思っていたところです。我々としても、当社もすぐに進出すべきだという結論です！」

結局は、他社が進出したというニュースで、「じゃあ我が社も進出しよう」という意思決定がなされてしまったわけです。何度も重ねてきた精鋭チームの議論はいったいなんだったのでしょう？

情報ではなく「意思決定のプロセス」が必要

同じような「超重要プロジェクト」の検討会議が、今日も日本中で行なわれていることでしょう。日本のスタッフは有能でよく働くので、情報はいくらでも集まります。完璧に分析された調査レポートができあがります。しかし、なにも決まりません。

十分すぎる情報があるのになぜなにも決まらないのでしょう？

理由は、「誰も考えていないから」です。みんな「情報を集めて分析する」作業に熱中しています。しかし意思決定のためには、「どうやって結論を出すべきなのか」を先に考えることが必要なのに、そのための思考を怠《おこた》っているのです。

プロジェクトリーダーの企画室長が指揮をとったのは、「各部門への調査作業の割り振り」にすぎません。各メンバーはそれに応じて情報を収集し、分析し、レポートにまとめ上げました。

しかし、技術や米国の情報、法務や財務の分析、顧客に関する情報がばらばらと集まっても意思決定はできません。必要なのは、「どの情報がどうであれば、我が社はこのビジネスに進出する。どの情報がどうであれば、進出すべきではない」という意思決定のための思考プロセスなのに、それが存在していないからです。

私たちがなにかを決めるときには「情報」とは別に「意思決定のプロセス」が必要です。たとえば、ある洋服を買おうと思ったけれど価格を見て買うのをやめたとしましょう。その意思決定ができるのは、「その洋服の価格」という情報を集めたからではなく、「この質、このタイプの服に関しては、1万円以下でないと私は買わない！」という意思決定プロセスを自分の中にもっているからです。この思考プロセスに〝洋服の値段〟という情報を放り込み、「コレは買う、アレは買わない」と決めているのです。

意思決定のプロセスをもたないまま、どれほど多くの洋服の価格情報を集めても、特定の洋服を買うべきか買うべきでないか、決められません。先ほどの社長直轄プロジェクトも同じです。彼らは情報ばかり集めていて、「どういう情報があれば、どんな結論を出すべきなのか？」という意思決定プロセスについてなにも考えてきませんでした。だから情報が集まってもなにひとつ決まらないのです。

最初に、「もしも技術問題がこうで、営業状況がこうで、特許問題がこうで、財務的にこうなら、我が社はこの分野に進出する。そうでなければ進出しない」という「意思決定プロセス」が固められていれば、もっと早く結論が出たはずです。

しかも、洋服の買い物の例でわかるように、意思決定プロセスは情報収集をはじめる前に考えるべきことです。なぜなら、意思決定プロセスが明確になれば、それに合わせて必要な情報だけを集めればよいので、情報収集に必要な時間が大幅に短縮できるからです。

たとえば「品質にかかわらず1万円以上の洋服は買わない」という意思決定プロセスをもっている人は、ブランド店には調査に行く必要がありません。そんな店には1万円未満の服はほとんどないと最初からわかっているからです。またネット通販なら価格で絞り込んでから検討できます。先に思考プロセスが決まっていれば効率的に情報を集められるのです。

社長直轄プロジェクトにおいても同じです。最初に「我が社がこの事業に進出すべきかどうかは、日本国内の状況のみで判断すべきだ。海外はかなり前提条件が違っているので、現時点での意思決定には入れ込むべきではない」と決まっていれば、海外市場の調査がなくても意思決定ができたはずです。もしくは最初に「今回の意思決定で決定的に大事なのはコストだ！」と合意ができていれば、コストだけを集中的に調べて結論を出すことが可能だったでしょう。

彼らが最初の会議で話し合うべきだったのは、こういった「我が社の意思決定プロセスはどうあるべきか」という議論だったのです。ところがそれを飛ばして闇雲に情報を集めはじめたため、ただただ忙しいだけで結論は出ず、いつまでも延々と会議を続け、大量の無駄な作業が発生してしまったのです。

意思決定のプロセスは超具体的に

「新規事業に進出すべきかどうかを決めろという社長の指示があったのだから、意思決定プロセスは個々の精鋭メンバーらの頭の中には存在したのでは？」と思われるかもしれません。

しかしこのプロセスは曖昧なものではなく、文章に落とせるくらい明確にされていないと使えないのです。

たとえば、なんとなく「今日はお肉にしよう。中華料理をつくろうかなー」くらいの感覚で買い物に行けば、結局なんやかんやと要らない材料や調味料を山ほど買うことになります。

一方、「詳細なメニューを決め、その料理のつくり方を具体的に確認し、手順ごとに必要な食材と調味料をメモにリストアップしてから」買い物にいけば、最低限必要な食材だけを買うことができるでしょう。

組織の意思決定も同じです。なんとなく「こんなビジネス、儲かるかな？　競合との差別化も考えないといけないな。中国の市場が大きそうだね」くらいの詰めのレベルで情報を集めはじめると、止めどなく膨大な情報を集めることになってしまいます。

調べ事をしていると、どんな情報も貴重で重要に思えます。あれもこれも調べたくなります。優秀な人ほど「知らないことを知る」ことに興奮するし、熱中するものです。

しかし、情報が重要かどうかは、「今、求められている意思決定プロセスに必要かどうか」によって決まるはずなのです。「どんな情報があの意思決定に必要で、どんな情報は不要なのか」という基準が明確になっていないと、いくらでも情報収集を続けられるのが「優秀なスタッフ」の哀しい性です。

迅速な意思決定が求められるビジネスでは、「このビジネスをやるなら、こういう方法でやらないと我が社は勝てない。そのためには、これとこれとこれを事前に確認しておく必要がある！」と、具体的な意思決定プロセスを明確化し、それらに必要な情報もリストアップしてから調査や分析をはじめるべきです。そうすれば圧倒的に効率よく結論を出すことができます。

「なんとなく関係がありそうだし、どこかで役立ちそうに思える情報を集めている会社員」は、「なんとなく使えそうな食材や調味料を買い物カゴに入れ続ける主婦」と同じです。おそらく大半の情報は、使われないまま賞味期限をむかえてしまう多くの食材と同じように、そのうち使われないままに無駄になってしまうことでしょう。

「考える」とはインプットをアウトプットに変換すること

精鋭メンバーがゴールのない情報収集や分析にいそしんでいる間、社長に進捗状況を聞かれた企画室長はきっと「粛々《しゅくしゅく》と検討しています！」とでも答えていたのでしょうが、この「検討している」も曖昧な言葉です。

そのなかには「考えている」「情報を集めている」「分析をしている」「話し合ってい

図4 情報と結論をつなぐのが「思考」

る」など、さまざまな行為が含まれます。問題は、これらの行為の中から「考える」部分がすっぽりと抜け落ちる場合があることです。

しかも、「考える」部分が抜け落ちても、情報を集めたり、その情報を表計算ソフトに入力してグラフ化していたり、それらをまとめてレポート形式の文章に整えたり、みんなで集まって話し合っていると、それなりに忙しく、みんな考えているつもりになってしまいます。これが危険なのです。

「情報を集める」「数値情報をグラフ化する」のは、考えることとは違います。「話し合うこと」も「考えること」とは異なるのです。

「考えること」「思考」とは、インプットである情報をアウトプットである結論に変換するプロセスを指します（図４）。「私は考えた」というのは、「私はあるインプットをもとに、なんらかの結論を出した。ある考えに至った」という意味です。それは「仮の結論」でもいいし、最初の段階では間違ったものかもしれません。それでも「その時点での結論を出した」というのが、「考えた」ということです。

「私は考えた！」と言って、「じゃあ、結論（＝あなたの意見）はなに？」と聞かれたときに、なにも浮かんでこないのであれば、それはじつは考えていないのです。

「作業」を「思考」と思い込むワナ

「考えてもいないのに、考えたつもりになってしまうこと」……本を読んだりネットで情報を集めたり、もしくは徹夜して表計算ソフトを操作することの問題はここにあります。

特に表計算ソフトに向かっている時間を「考えている時間」だと思い込んでいる人は要注意です。ああいったソフトを操っている間、たいていの人はなにも考えていません。作業をしているだけです。作業だから、寝不足で頭が回っていなくても続けられるのです。

数字が大量に記載された資料が手元にあり、それをグラフ化するのだとしましょう。そのプロセスは次のようになります。

①この数字をグラフ化する意義があるかどうか考える。
（作業に必要な手間と、グラフ化の意義を比較して決める。）
②数字を表計算ソフトに入力する。
③円グラフにするか、棒グラフにするか、などグラフの形式を決める。
④そのグラフにするための操作ボタンをクリックする！
⑤グラフの体裁を整える。

このプロセスのうち、「考えている」といえるのは、①と③だけです。①と③には「決める」と書いてありますよね。前述したように、「考える」とはなにかを決めることです。結論を出すことです。①と③では、「この情報はグラフ化する意義がある」「メッセージを最も効果的に伝えるには、こういう形式のグラフが最適である」という結論が出ています。これが「考える」ということです。それ以外の部分は「作業」であって「思考」ではありません。

次に、①から⑤にかかる時間をそれぞれ想像してみてください。どう考えても考えている時間より、作業時間の方が長そうだと思いませんか？　下手をすると①と③については数十秒で終わりにする人さえいそうです。

数字の入力も含めて、全体の作業に2時間かかったとしましょう。翌日その資料を上司に見せたら「んー、ちょっと図が多すぎるからこのグラフは削りましょう」と言われるかもしれません。もし①をちゃんと考えていたら「いえ、この数字はグラフで見せる必要があります。このグラフからは、こういうことがわかりますよね？　だからグラフとして掲載する効果が大きいのです」と説明できます。

一方、①を意識的に考えていなければ、上司になにも言えず、昨日の作業が全部無駄になります。よくよく考えたら最初からグラフ化などする必要もないデータだったのかもしれません……。

考える時間を「見える化」する！

「考える力をつけたいのですが、どういう勉強方法が有効ですか？」と質問されると、ちきりんはいつも「考える時間を増やしましょう」と答えています。

図5「思考」とその前後のプロセス

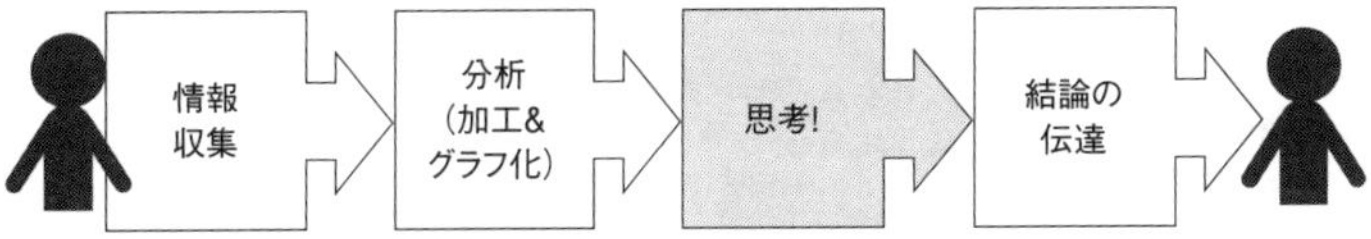

たとえば1日に働いた時間のうち、図5にある4つの各プロセスにそれぞれ何時間ずつ使ったか、計算してみるのです。誰かと会って話を聞いた時間は「情報収集」です。データを表計算ソフトに入力しグラフ化するのは「分析」です。上司や他部署に伝えるため、報告書にしたりメールを書くのは「伝達」の時間ですね。

「考える」「思考する」とは、情報を集める作業でも、その情報の加工やグラフ化の作業でもありません。「集めて加工した情報を、どのように結論につなげるかという決めるプロセス」です。

自分は今日1日でいったい何時間を「考える」ことに使っただろう？　日々これを意識するだけで、考える力は大幅に伸びる

図6　とある会社員の1日

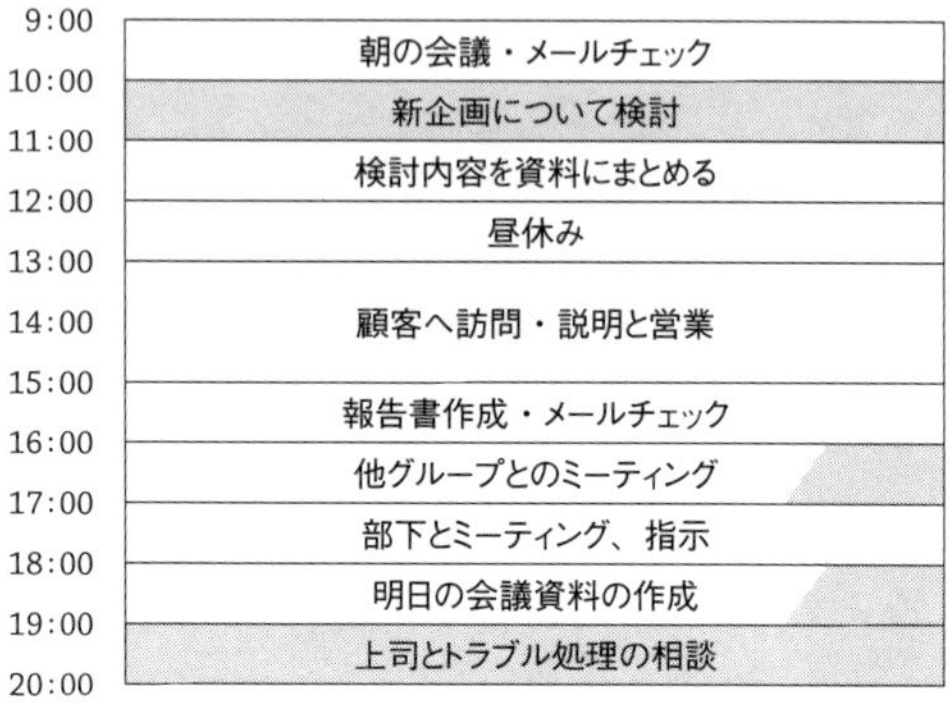

時刻	予定
9:00	朝の会議・メールチェック
10:00	新企画について検討
11:00	検討内容を資料にまとめる
12:00	昼休み
13:00	
14:00	顧客へ訪問・説明と営業
15:00	報告書作成・メールチェック
16:00	他グループとのミーティング
17:00	部下とミーティング、指示
18:00	明日の会議資料の作成
19:00	上司とトラブル処理の相談
20:00	

ことでしょう。

図6は、ある会社員の1日のスケジュールです。

これをざっと見て、「考える」ことが中心であったと思われる時間に網掛けをしてみました。すると、なんと1日のうちの2コマだけなのです。「他グループとのミーティング」や「明日の会議資料の作成」といった部分にも、考えた時間はあると思います。しかし、先ほどのグラフ化の作業の例からも想像できるように、それらに含まれる「思考時間」はたいてい微々たるものです。

考える力をつけるもっとも有効な方法は、

このような視点で時間の使い方を把握し、自分が考えることに使っている時間を「見える化」して、それを少しでも長くすることです。

「考える力をつけたい！」と言いながら、本ばかり読んで情報収集に時間を使っていても、考える力はつきません。自転車に乗れるようになりたいなら、自転車についての本を読むのではなく、実際に自転車に乗る時間を増やすのがもっとも有効です。

こうやって厳密に「考える時間」を記録すると、ちきりんの場合、どうやっても1日4時間くらい考えるのが限度でした。情報収集は、新しいことを知ることができてとても楽しいし、情報の加工やグラフ化にはのめり込んでしまうことさえあります。

一方、「考える」のは寝不足ではできないし、細切れの時間内でも集中できません。1日8時間ずっと考えるなどということは集中力に限界のある私には無理なことでした。

それでも、30分でも1時間でも長く「考える」時間を確保すること。その間は、ブラウザも表計算ソフトも閉じ（データを見ながら考える必要があるなら、プリントアウトを用意して）、考えることに集中すること、そういう工夫が必要です。

もしも「今日、考えるために使った時間は30分だった！」とわかれば、明日は最低でも1時間は考えましょう。考える時間を倍にすれば、考える力は確実に向上するでしょう。

第2章

「なぜ？」「だからなんなの？」と問うこと

合計特殊出生率が上がっても少子化は止まらないです

数字を見たら考える2つの問い

情報を見たときにまず考えるべきことは、「なぜ？」と「だからなんなの？」のふたつです。特に数字の情報を見たときは必ずこのふたつを考えます（図7）。

「なぜ？」とは、数字の背景を探る問いです。数字はなにかの現象や活動の結果なので、すべての数字には理由があります。売上が伸びているなら「なぜ売上が伸びているのか？」、特定地域の人口が減ったなら「なぜこの地域の人口が減ったのか？」と考えるのが、「なぜ？」です。

もうひとつの「だからなんなの？」は、「過去の結果がこの数字に表われているのだとしたら、次はなにが起こるのか？　それにたいして自分はどうすべきなのか？」と、データの先を考える問いです。

これまで売上が上昇してきたというデータがあれば、「来月はさらに上がるのか？　それとも売上の上昇は今月で止まるだろうか？」と考えます。続けて、「来月の売上も増えるなら、今、自分はなにをするべきなのか？　仕入れを増やすべきだろうか？」などと考える必要もあります。

図7　データを見たら条件反射で質問しよう

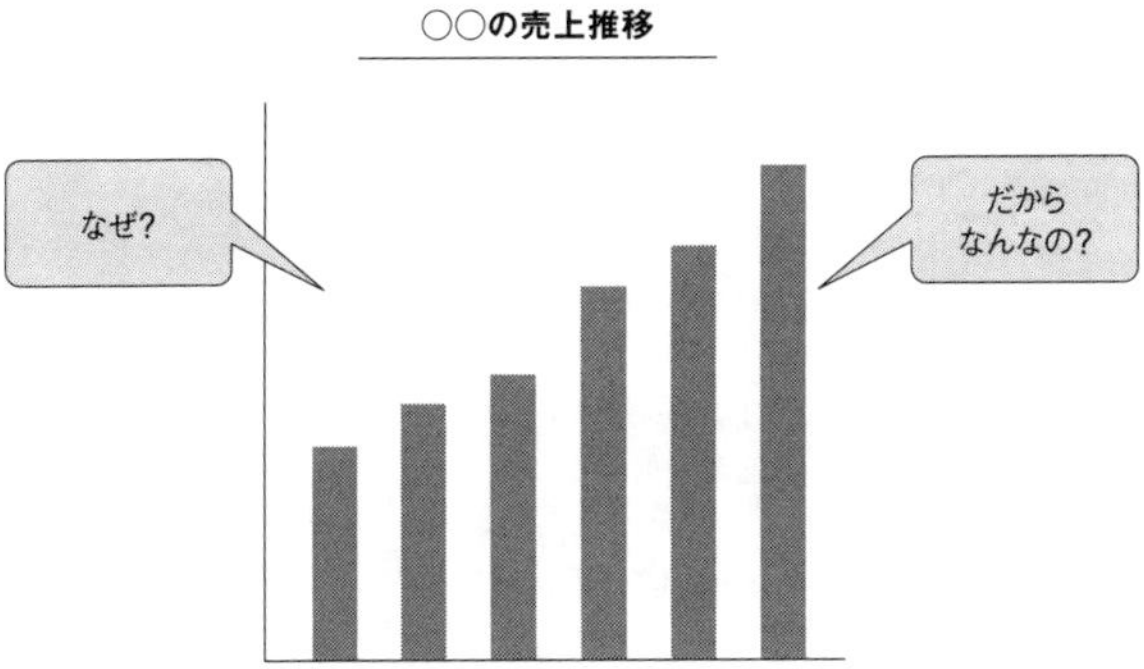

次に起こることを予想し、それに対応するためになにをすべきかを考える、これが「だからなんなの？」によって問われる思考です。

データを見たときには、その背景（＝データの前段階）を考える「なぜ？」と、そのデータをどう解釈・判断し、対応すべきか、と一歩先（＝データの後段階）を考える「だからなんなの？」のふたつの問いを常に頭に浮かべましょう。

少子化問題の「なぜ？」

図8は戦後すぐの1947年（昭和22年）からの出生数（棒グラフ）と合計特殊出生率（線グラフ）の組み合わせグラフです。

この図を見て思い浮かぶ「なぜ?」の質問を書き出してみましょう。

たとえば次のような質問が浮かんできますよね。

少子化問題の「なぜ?」

①なぜ、戦後すぐの数年間、こんなに出生数が多いのか?
②なぜ、その後は急激に出生数が減ったのか?
③なぜ、1966年だけ出生数が落ち込んでいるのか?
④なぜ、1971~1974年ごろに再び出生数が増えたのか?
⑤なぜ、1970年代半ば以降、出生数はまた減ってきたのか?
⑥なぜ、最近は出生数と合計特殊出生率が横ばいなのか?

質問のリストアップが終わったら、ひとつずつ考えてみます。人口問題に関しては、インターネットで検索するだけでもさまざまな情報が手に入ります。

①なぜ、戦後すぐの数年間、こんなに出生数が多いのか?

図8 出生数と合計特殊出生率の推移

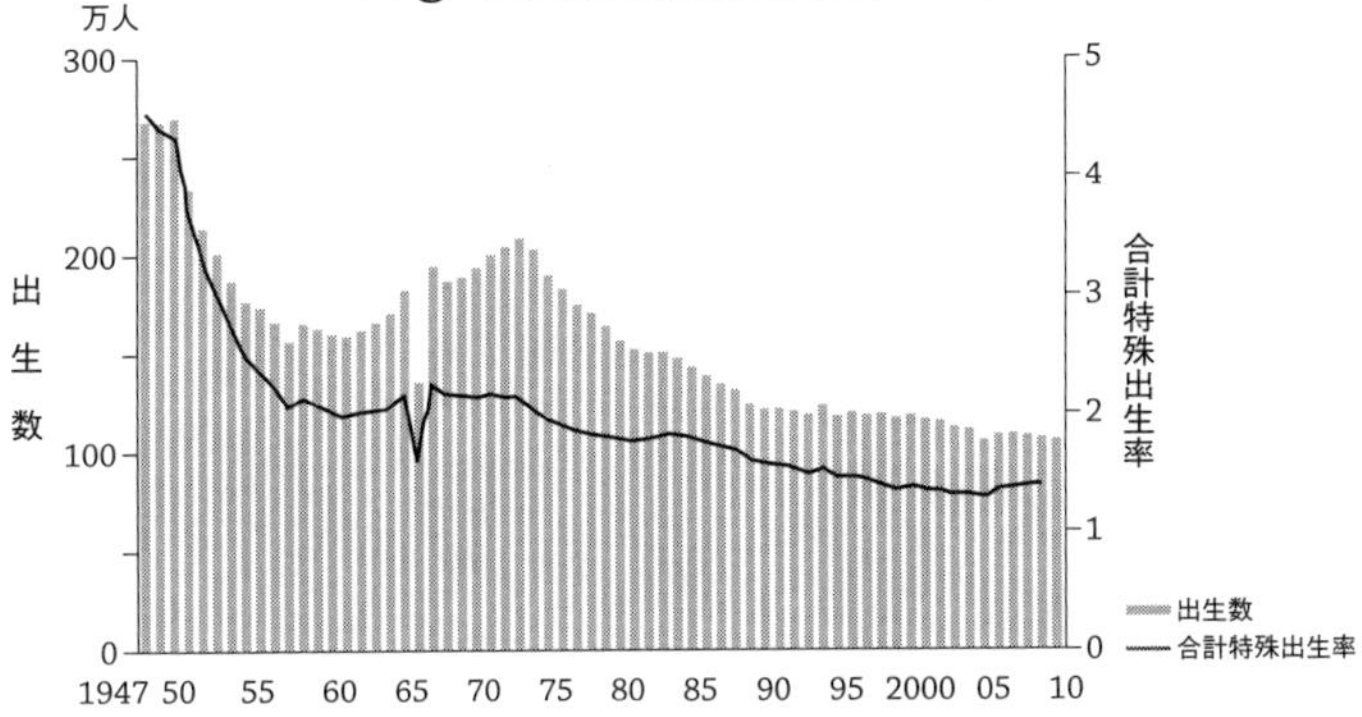

出所：人口動態総覧の年次推移 http://www.mhlw.go.jp/toukei/saikin/hw/jinkou/suikei10/index.html

男性が戦場から家庭に戻ってきたことや、ようやく平和な時代が訪れたので、どの家でも安心して子供を産めるようになったことでベビーブームが訪れました。この1947年から1949年に生まれた人達が「団塊《だんかい》世代」と呼ばれています。

②なぜ、その後は急激に出生数が減ったのか？

1950年以降、出生数の棒グラフと合計特殊出生率の線グラフがともに急降下しています。特に「一生の間に女性1人が産む子供の数」である合計特殊出生率の下がり方が急激で、戦後直後の4・5人が、1957年には約2・0人まで減っています。

戦後直後は5人兄弟も珍しくなかったのに、

10年後には一家の子供数は2～3人が普通になったのです。

合計特殊出生率が下がった理由はいろいろあります。まずは1949年に優生保護法（現在の母体保護法）が改正され、経済的理由による中絶が認められました。

また、このころの日本政府は人口が増えすぎることを懸念しており、1959年の『人口白書』には「合理的な生活設計を背景とした正しい家族計画の普及」として、避妊知識の啓蒙を進める方針が示されました。今から50年前、日本は国を挙げて少子化を推進していたのです。

さらに、衛生状態の改善と医療技術の進化で乳児死亡率が下がったため＊、多くの子供を産む必要がなくなったことや、人手の必要な農家ではなく都会で勤め人として働く人が増え、働き手としての子供が不要になったことも理由とされています。これらにより合計特殊出生率が急降下し、結果として出生数も急激に減少したというわけです。

③なぜ、1966年だけ出生数が落ち込んでいるのか？

この年は丙午《ひのえうま》で、「丙午生まれの女性は男性を食い殺す」という迷信があったため、多くの家庭がこの年の出産を控えたといわれています。

ちなみに次の丙午は2026年です。次回の出生数も落ち込むのかどうか、現代の日本

＊乳児死亡率及び合計特殊出生率の推移
http://www.gender.go.jp/whitepaper/h17/danjyo_hp/danjyo/html/zuhyo/fig01_00_12.html

図9 70年代後半から急減した出生数

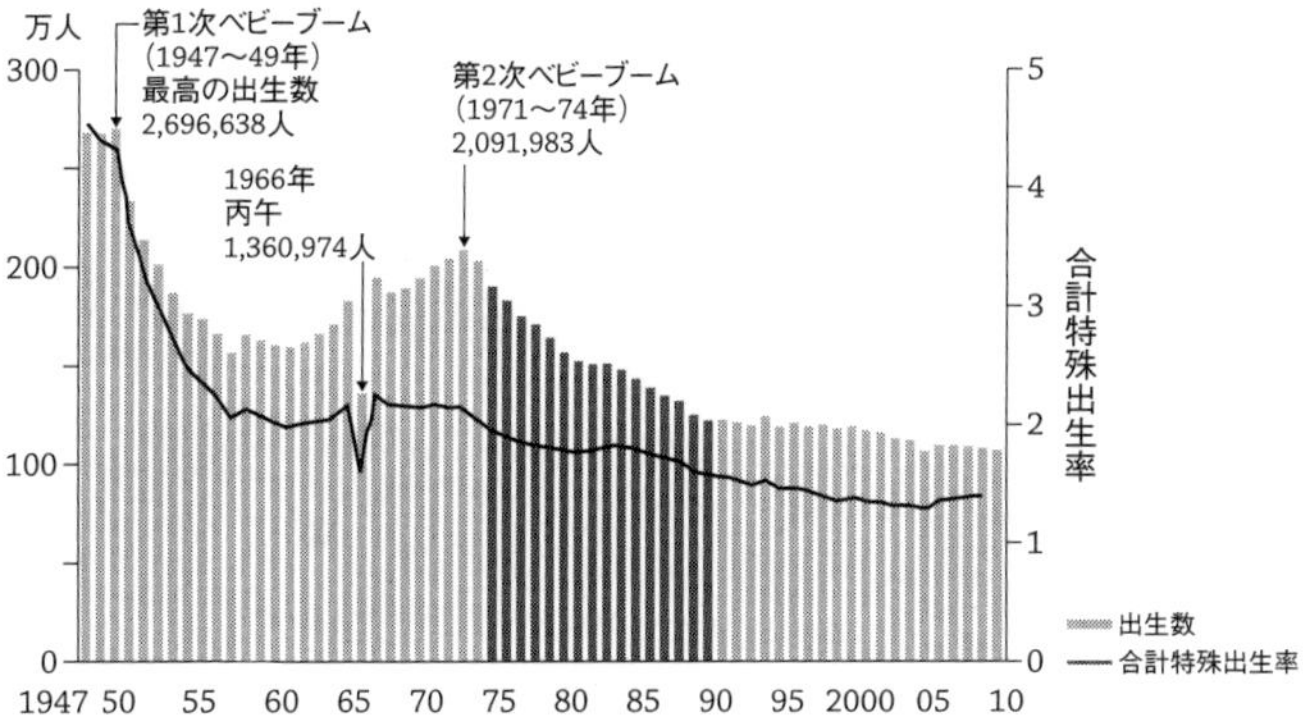

でこういった迷信がどの程度生きているのか、興味のあるところです。

④なぜ、1971〜1974年ごろに再び出生数が増えたのか？

この時期、合計特殊出生率は相変わらず低いのに出生数は増えています。これは、戦後すぐに生まれた団塊世代が20代前半となり、子供を産みはじめたからです（1970年代ですから現在より出産年齢が若いです）。ちなみに、この時期に生まれた人達が第2次ベビーブーム世代と呼ばれています。

ここで注目すべき点は、この時期には合計特殊出生率が高くなったからではなく、親の人数（団塊世代）が増えたから子供の人数も増えたという点です。「合計特殊出生率が高くなったから子供の数が増える」というのと、「親世代の人数が増えたから子供の数が増える」というのは、まったく異なる現象です。この違いは重要なのでよく覚えておいてください。

⑤なぜ、1970年代半ば以降、出生数はまた減ってきたのか？

戦後すぐは出生数も合計特殊出生率も急激に低下したのですが、1975年から1990年くらいまでは、合計特殊出生率より出生数の減り方の方が激しいことがわかります（図9）。それは、この時期に出生数が減った理由として、合計特殊出生率の低下だけではなく別の要因も存在したからです。

その要因とは「親世代の人数が減ったこと」です。先に見たように、戦後のベビーブームのあとは一家の子供数が急速に減ったため、その子らが親になりはじめた1975年以降は「親の数が少ない」ことが出生数減少をより加速させているのです。

ところで私たちはよく「少子化対策」という言葉を聞きますが、これはどちらの要因についての対策でしょうか？「合計特殊出生率を上げるための対策」でしょうか、それとも「親の人数を増やすための対策」でしょうか？

じつは現在、日本で行なわれている少子化対策の大半は「今、日本にいる出産年齢の女性に、いかに多くの子供を産んでもらうか」という対策、つまり合計特殊出生率を上げるための対策です。

「親世代の人数が減っている」ことにたいしては、「親世代の人数を増やす」のが一番直接的な対策なのですが、こちらはほとんど行なわれていません。ちなみに親世代を増やす対策とは、「大人の輸入」であり、一般的には「移民受け入れ」がそれに当たります。海外からの留学生が日本で就職し、そのまま結婚、出産してくれれば、それも親世代の人数を増やします。

このように少子化にはふたつの要因があるのですが、今の日本はそのうち親世代の人数減少には手を打たず、合計特殊出生率の向上だけで少子化問題を解決しようとしています。合計特殊出生率の向上で親世代の人数を増やすには30年もの年月が必要というのに、なかなか悠長な方針ですよね。

⑥なぜ、最近は出生数と合計特殊出生率が横ばいなのか？

グラフをよく見ると、ここ15年くらいは出生数も合計特殊出生率も低下スピードが緩やかになっています。合計特殊出生率の方は一時的に上昇さえしました。これは少子化傾向

図10　2つのベビーブーム

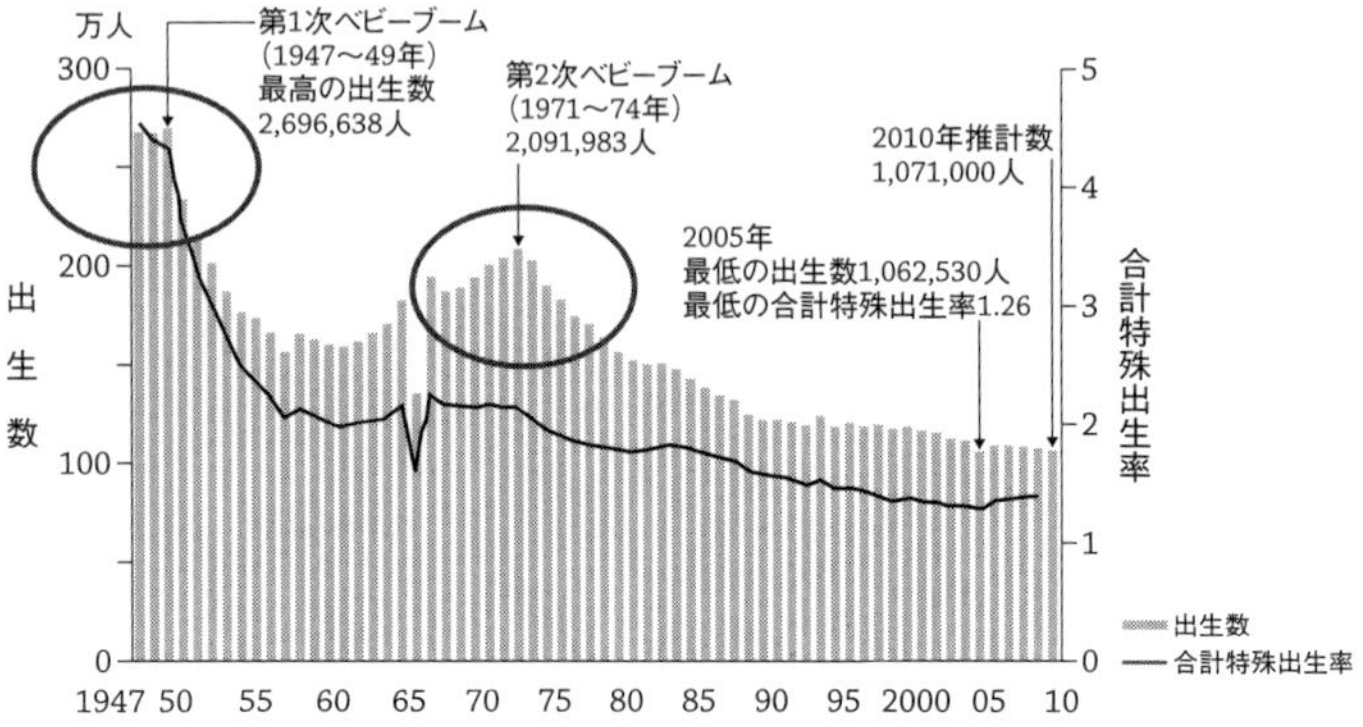

の下げ止まりなのでしょうか？

図10を見てください。丸で囲まれた部分は人口の山です。左側の丸が戦後のベビーブーム（団塊世代）、右側の丸はその人達が産んだ子供、すなわち、第2次ベビーブーム（団塊ジュニア世代）です。では、第3次ベビーブームはどこにあるのでしょう？

3番目の山が見つかりませんよね。なぜでしょう？　合計特殊出生率がさらに低下したために山がなくなったのでしょうか？

ここで次のグラフ（**図11**）を見てください。あらたに付け加えたグレーの点線は、棒グラフのトップラインだけをつないで25

図11　第3次ベビーブームはどこに？

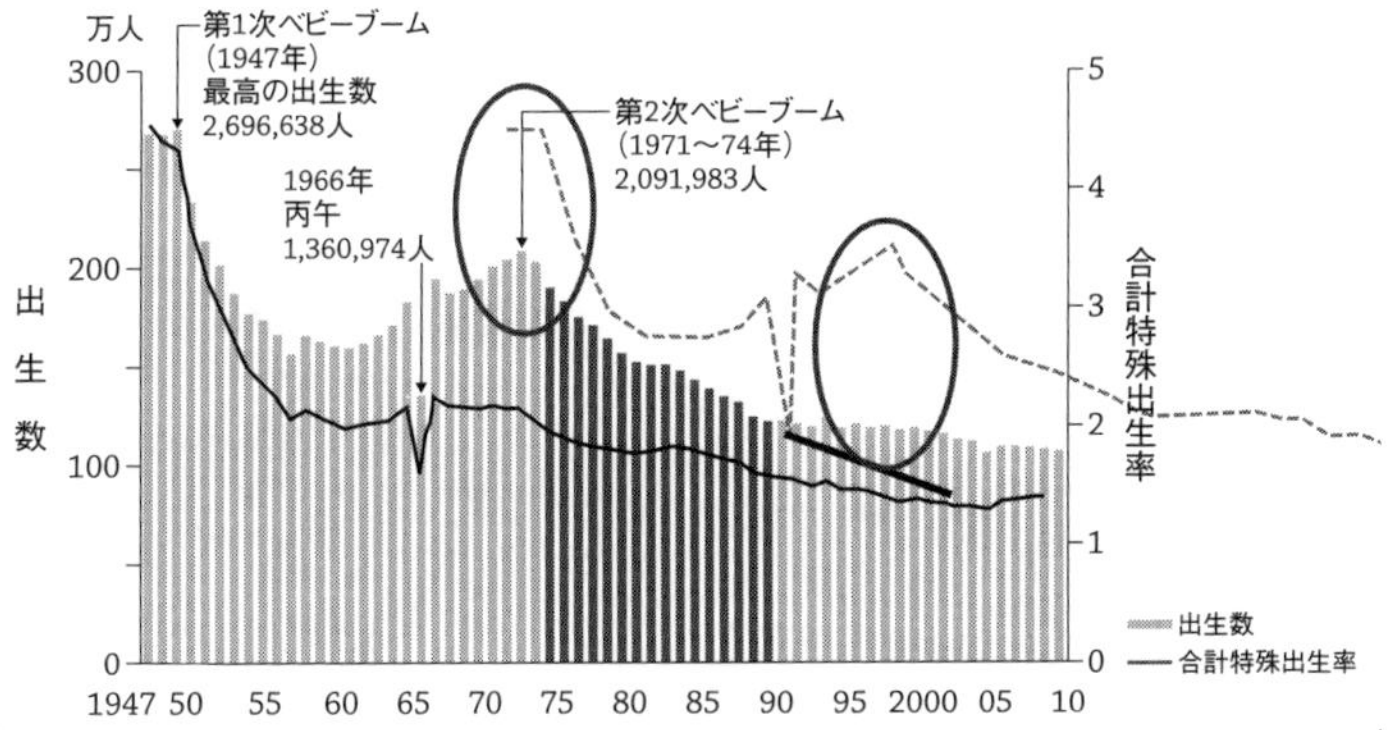

年分右にずらしたものです。

左側の丸の中では、点線が戦後すぐに生まれた親世代の数を示し、その下の棒グラフに彼らが産んだ子供の数が表われています。棒グラフのトップラインを25年分ずらすことで、親世代と子世代を同一の丸の中に表示させているわけです。

では、右側の丸を見てください。第2次ベビーブームで生まれた団塊ジュニアはこの時期に25歳を迎えています。ということは、第3次ベビーブームを示す3番目の山は本来ここにあるはずです。その山はどこにいったのか、というのが今の疑問です。

ここで、右側の丸のすぐ下にある斜めの太線を見てください。本来、出生数はこの斜めの太線に沿って下がってきてもおかしくなかったのです。でも実際の出生数はそれほど減っていません。その理由こそ「団塊ジュニアが親世代となり、親の人数が多くなったから」です。つまり、３番目の山はありませんが、「人数の多い団塊ジュニアが出産年齢を迎えたので、坂が埋められて平らになっている！」のです。

またその後も、親の数を示す点線は急降下しているのに、出生数はあまり減っていません。合計特殊出生率もやや上向きです。今度こそ少子化傾向の終焉でしょうか？

残念ながら私にはそうとは思えません。このグラフでは親の数を示す点線は生まれた年から25年分、右にずらしていますが、現在の出産年齢は25歳ではなく35歳くらいまでずれこんでいます。直近の出生数の多さは、団塊ジュニア世代が35歳くらいまで駆け込み出産を続けているからだと考えるほうが適切でしょう。

合計特殊出生率を上げても少子化問題は解決しない

さらに将来の数字も見てみましょう。25年後の子供の数はどうなっているでしょう？図12のグラフで一番右の丸の中には点線だけが書いてあります。25年後に25歳になるのは今年生まれた子供なので、「25年後の親世代の人数」はすでに確定しています。それが、

図12　25年後の子供の数は？

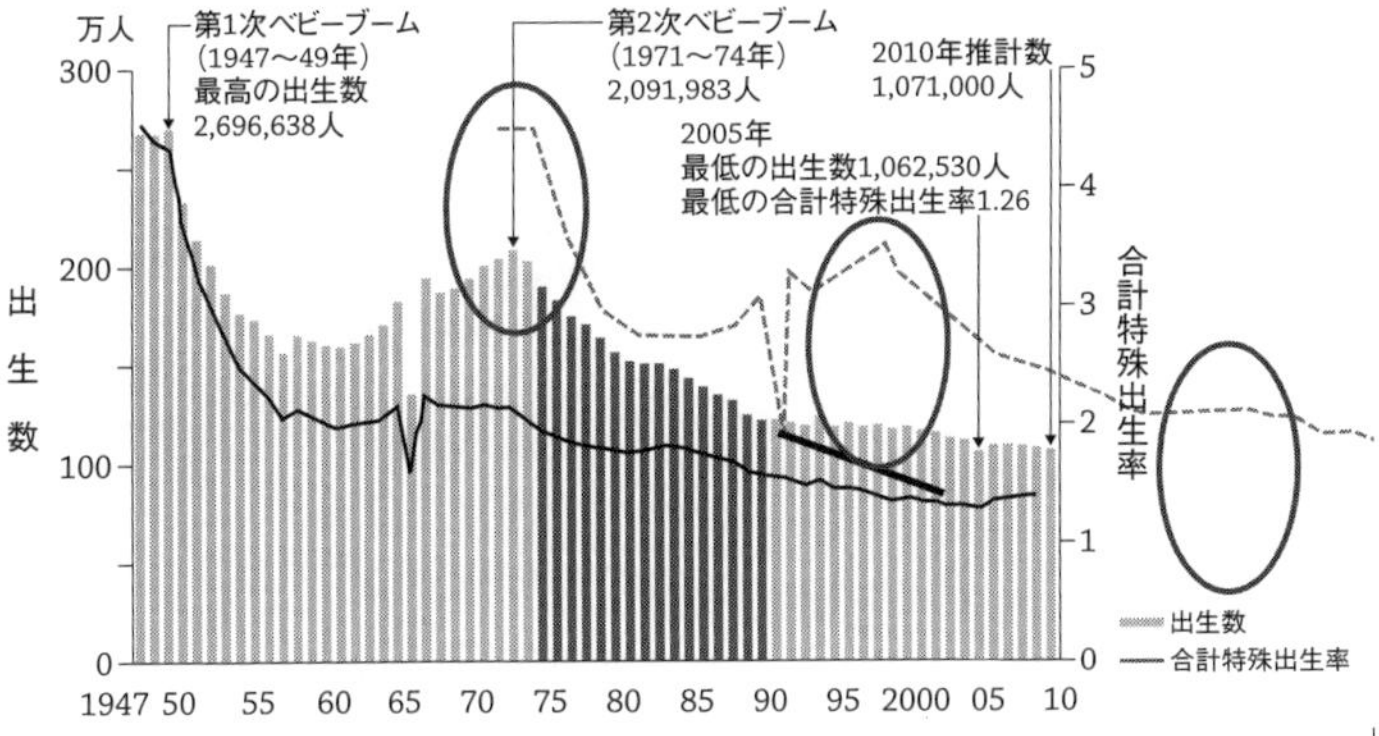

一番右側に追加した丸の中の点線です。では、そのときには子供の数は何万人くらいになるのでしょう？

現在の子供数よりさらに減るだろうということは、このグラフからだけでも一目瞭然ですよね。しかもその理由は「合計特殊出生率の低下」ではありません。原因は点線の水準があまりに低すぎること、すなわち、「親世代の人数が少なすぎること」なのです。

たとえ合計特殊出生率がこれから一切下がらなくても、親の人数がここまで減ってしまえば当然に子供の数は急減します。

重要なことは、「合計特殊出生率を上げる」という少子化対策だけではこの問題はもはや解決できないということです。もちろん合計特殊出生率を今より下げないことは重要です。しかしそれだけでは解決できないほど急速に「親世代の人数が減る」というのが、日本の現状なのです。

もちろん、合計特殊出生率が人口維持に必要な2・07を大幅に超え、1人の女性が一生に4~5人の子供を産むようになれば問題は解決できるでしょう。しかしそれは現実的な数字ではありません。

よくフランスやスウェーデンで少子化対策が成功したと報じられますが、これらの国でも合計特殊出生率は1・5人が2・0人程度に上がっただけであり、人口維持ができる2・07にようやく近づいているというレベルです。*

親世代の人数が急速に減ることが確定している日本では、それらの国と同様に事実婚での子供の養育支援や長いバカンス、数年にもわたる長期の育児休暇などの施策を今すぐにはじめ、たとえ合計特殊出生率の向上に成功したとしても、今後の大幅な出生数の減少を覆すことはむずかしいのです。

＊合計特殊出生率の推移（日本及び諸外国）
http://www2.ttcn.ne.jp/honkawa/1550.html

ちなみに、将来の人口予想としてよく使われる、国立社会保障・人口問題研究所の「日本の将来推計人口」（死亡中位・出生中位）データ*によれば、2010年に107万人だった出生数は2050年には半分以下の48万人になると予想されています。

2011年に41歳になる1970年生まれの人が190万人もいたのと比べると、なんと同期の人数は4分の1にまで減ると予測されているのです。

少子化問題の「だからなんなの？」

次に、「だからなんなの？」という問いについて考えてみましょう。今まで見てきたデータに基づき、今後どうなるのか、対策としてなにをすればいいのか、思い浮かぶことをすべてリストアップします。

その質問例をあげておきますが、ぜひみなさんもご自身で考えてみてください。

少子化問題の「だからなんなの？」
①これからも出生数は減り続けるのか？　それとも下げ止まるのか？
②出生数が減ることは問題なのか？

＊平成18年12月推計

③出生数が減ると、どんな問題が起こるのか？
④出生数を増やすためには、どんな方法があるのか？

ひとつずつ見ていきましょう。

①これからも出生数は減り続けるのか？　それとも下げ止まるのか？

将来の出生数は「将来の親世代の人数」と「将来の合計特殊出生率」で決まります。将来の親世代の数は急減することがすでに確定しています。合計特殊出生率は、フランスなどと同程度に上昇したとしても、5年から10年かけて2・0まで上がるかどうか、です。

これでは日本の出生数は減り続けると考えるのが妥当でしょうし、実際に国立社会保障・人口問題研究所の予測でもそうなっています。

②出生数が減ることは問題なのか？

これは重要な質問です。将来の出生数が大幅に減ることが確実でも、判断としては、

- 将来、出生数が大幅に減るのは、大問題である。
- 将来、出生数は大幅に減るが、大きな問題ではない。

というふたつの考え方がありえます。どちらなのでしょう？

「人口が減ることは大きな問題ではない」という意見の人がその理由としてよく言うのが、「他の先進国の人口はもっと少ない」ということです。確かに日本の人口は今、世界で10番目に多く、先進国の中では米国についで2番目です。ドイツの約８２００万人、フランスやイギリスの約６０００万人など、欧州の先進国の人口は日本ほど多くありません。では、これにより、「だから日本の人口が減少しても問題はない」と結論づけることは可能でしょうか？

ここで混同してはいけないのは「出生数が減る」ことと「人口が減る」というふたつの異なる概念です。欧州の先進国の人口は日本の半分ですから「人口が少ない」こと自体は問題ではないでしょう。しかし出生数が急激に減ると、人口が減ること以外にも問題が生じます。それは高齢者が増え子供が減ることによる「人口構成のゆがみ」です（図13）。

イギリスやフランスは２０５０年でも「65歳以上が人口に占める割合」が20％台と予測されており、これは現時点の日本と同程度の比率です。一方の日本は、２０５０年には人口の４割が65歳以上と予測されています。

図13　出生数が減ることの意味

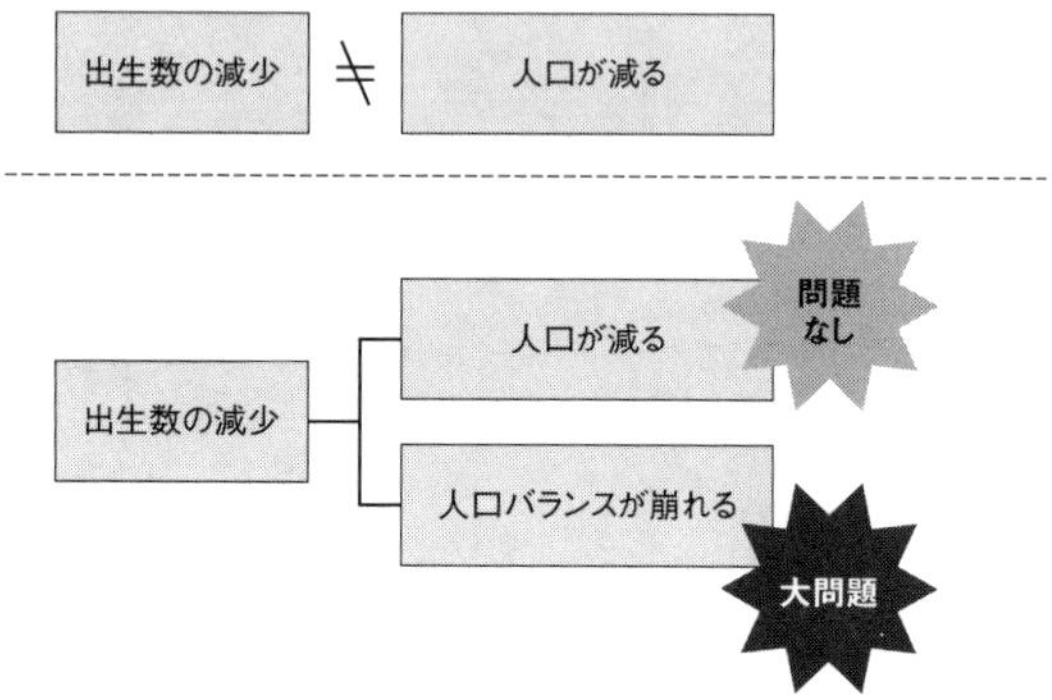

経済活動に従事しない年齢である65歳以上が人口の4割を占める国というのは、今のところ他に例がありません。人口バランスが崩れ高齢者比率が異常に高くなることは、大きな社会問題となりえるでしょう。

③出生数が減ると、どんな問題が起こるのか？

国立社会保障・人口問題研究所の「日本の将来推計人口」(平成18年12月推計、死亡中位・出生中位)データで、人口構成の変化を見てみましょう（図14）。

この図を見ると、2050年の40歳未満人口の少なさには驚かされますよね。こんな人口構成になれば、まず確実に「お金」

図14 年齢別人口の構成比率

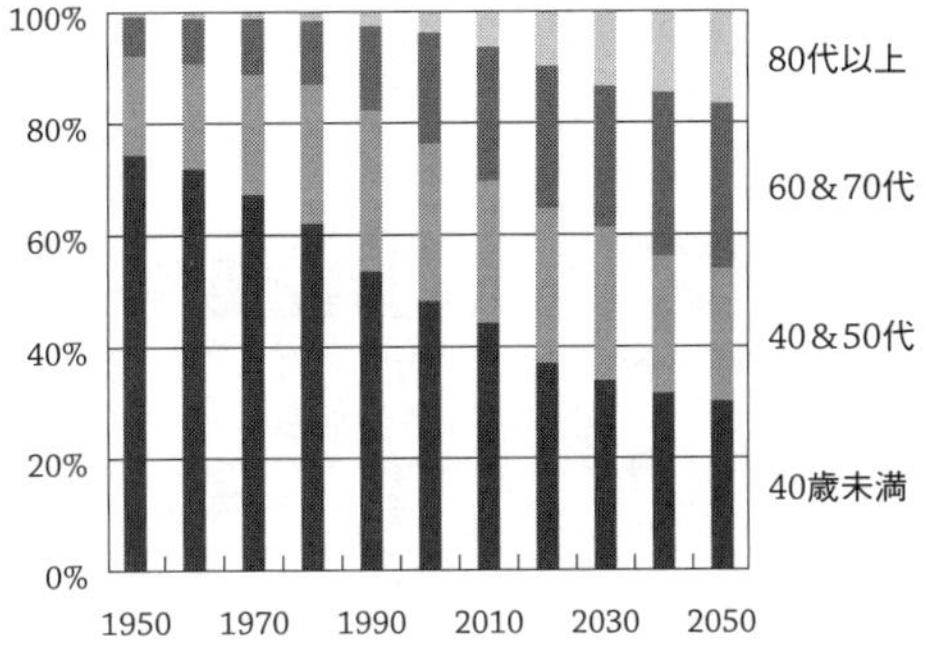

出所：国立社会保障・人口問題研究所「日本の将来推計人口」（平成18年12月推計、死亡中位・出生中位）

と「人手」の問題が起こります。お金に関しては、「稼ぐ人口が少なすぎて、稼がない人を扶養できなくなる」でしょう。年金や医療保険、生活保護を含めた社会福祉制度の財政がもたなくなるということです。

また、40歳未満の人が買ってくれていたモノやサービスを販売していた企業の売上は大幅に落ち込むでしょう。それらは住宅から教育、衣料、食品などあらゆる分野に及びます。一方で、医療・介護など高齢者向けのビジネスは相当大きくなると予想されます。

「人手」問題としては、高齢者の世話をする人手がまったく足りなくなることが容易に推測できます。医療や介護など高齢者向け産業へのニーズが高まっても、それを供給する人手が足りなければ産業は成立しません。「働き手の確保」は将来の日本の大きな課題となるでしょう。

また、「人手問題に関しては介護ロボットを開発すればいい」という人もいるのですが、実際には子供は「人手」「労働者」というだけではなく、社会にとっての「未来」や「希望」の象徴でもあります。お年寄りだけの家庭や地域と、子供がいる家庭や地域を比べてみてください。ふたつの社会の姿は大きく異なるのではないでしょうか？

このように、出生数の減少は、財政・社会福祉制度の破綻、産業構造の変化、深刻な人手不足、社会の活気の消失などさまざまな問題を引き起こすことでしょう。

④出生数を増やすためには、どんな方法があるのか？

出生数を増やす方法は、「親世代の人数を増やす」か「合計特殊出生率を高める」しかありません。合計特殊出生率を高める方策として、保育園の整備（待機児童の解消）や育児手当の増額などが議論されていますが、さらにフランスやスウェーデンのように事実婚制度を整え、非正規社員も含めた男女両方の育児休暇取得率を大幅に高める必要があるでしょう。

一方、親世代の人数を増やすには、外部から出産年齢にある人をつれてくるしか方法がありません。移民については賛否両論の激しい議論がありますが、ちきりんの目からみると将来の働き手を外国から補充することは議論する必要もない、不可避な選択のようにも思えます。

移民に反対する人達は、20代と30代の全人口（20歳から39歳までの全員ですよ！）を合わせても1658万人なのに、75歳以上が2373万人、65歳以上でみれば3764万人もいると予想されている2050年の日本を*、本当に「日本人だけの暮らしやすい社会だ！」と喜べるのでしょうか？

情報と思考のバランスが大事

ここまで、出生数と合計特殊出生率の長期推移データに基づく「なぜ？」と「だからなんなの？」を考えてきました。ひとつのデータからだけでも、思ったより多くのことを考えられますよね。私がいつも心がけているのは、この「情報と思考のバランス」です。

私たちは普段ひとつの情報を見て、いったいどのくらいの時間を「考えること」に使っているでしょう？　なかには、「おっ！」と思うようなデータを見ても、数分後には次の情報に目を移してしまう人もいます。しかしここでやってみたように、出生数と合計特殊

＊国立社会保障・人口問題研究所「日本の将来推計人口」（平成18年12月推計、死亡中位・出生中位）

出生率の推移という1枚のグラフからでも、数時間はアレコレと考えることができます。

ちきりんは、考える力をつけるためには、ひとつの情報にたいして十分な時間をかけてトコトン考えることが大事だと思っています。情報収集やそのグラフ化に1時間かかったのであれば、少なくともそれと同じ1時間はそのデータをにらみながら考え抜くべきでしょう。

「なぜ?」と「だからなんなの?」は、その際の秀逸な「思考のガイド」として使える質問なのです。

調べればわかることを「考える」意義

ところで、「過去の出生数や合計特殊出生率のデータから将来の出生数を予測するなどという面倒なことをしなくても、最初から国立社会保障・人口問題研究所が予測しているデータを見つけられればそれでよいのでは?」と思う人もいるかもしれませんね。

ちなみにそうやってインターネットや図書館で資料を探し、将来の出生数の予測値を見つけるのは、「知る」「調べる」という行為です。そして、過去のデータから自分で予測するのは「考える」という行為です。

「知る」「調べる」ことは大事なことですが、だからといって考えなくていいとはいえません。国の将来人口は国家計画の基本となる数字ですから、公的機関の専門家が予測してくれていますが、世の中には「過去のデータはあるけれど、誰も将来を予測していない」分野もあります。そういったときに「自分の頭で考えて予測できる力」があれば、将来に向けて準備や投資ができるようになります。

またビジネスに関することであれば、誰かが予想し、それが新聞に載ってから動きはじめていては出遅れてしまいます。自分で考えることができれば、他者に先んじて準備を整えられます。

また、「誰かが予測した数字」と「自分が考えて予測した数字」が異なる場合もあるはずです。ふたつの企業が異なる予測をすれば、それらふたつの企業の事業戦略は大きく異なるものとなり、より正しい予測をできていた方が、より大きく成功することができます。これこそがビジネスの醍醐味ですよね。

このように、「知識を得る」ことも大切ですが、同時に「自分の頭で考えて、予測してみること」もとても意味のあることなのです。

政府系の新聞広告には必ずウラがある

最後に、数字以外の情報で「なぜ?」や「だからなんなの?」を考える例を紹介しておきましょう。

2011年のはじめ、新聞に次のような広告が掲載されました。

> 70歳まで働ける企業
> 　実現に向けたシンポジウム
> 主催：独立行政法人　高齢・障害者雇用支援機構
> 後援：厚生労働省

内容は、「70歳まで働ける企業を目指して」というタイトルでの大学教授の講演と、「こうして進める『70歳雇用』」というテーマでのパネルディスカッションが、港区の会場にて無料で行なわれるので参加希望者を募る、というものでした。参加定員は400名ですから、相当大きな会場です。

2　「なぜ?」「だからなんなの?」と問うこと

さて、この告知情報の「なぜ?」と「だからなんなの?」を考えてみましょう。

まずは「なぜ?」です。なぜこんな広告をこの独立行政法人は出しているのでしょう?なにが目的なのでしょう?

将来の人口問題について考えてきたみなさんにはすぐにわかりますよね。将来の日本は「働く生産人口」と「働かない高齢者人口」のアンバランスが大きな問題になると予想されています。そこで企業が定年を70歳まで延長し、みなが少しでも長く働くようになれば、若干でもそのアンバランスを緩和することができます。具体的には年金の支給年齢を70歳まで延長したいのでしょう。そのために、70歳まで働くのが普通となる社会をつくろうという啓蒙活動の一環としてこういったセミナーが開かれるわけです。

次に「だからなんなの?」について考えてみます。こちらは人によって異なりますよね。銀行員であれば、「これなら35年ではなく40年の住宅ローンが貸し出せる!」と考えるかもしれません。

また、今まで「定年したら第二の人生を楽しもう!」と思っていた人は、こんなに定年が遅くなるのであれば、定年までやりたいことを我慢するのではなく、若いころから存分に楽しんでおこうと考えるかもしれません。これもひとつの「だからなんなの?」に対する回答(考え方)です。

このように、日々目にする新聞、雑誌の記事や広告、さらにはブログやツイッターなどネット上で目にとまった情報のうち、気にかかった情報に関してだけでも「なぜ?」「だからなんなの?」と考えるクセをつければ、今まで見えなかったさまざまな社会の動きが見えはじめることでしょう。

第3章

あらゆる可能性を検討しよう

日本にも格安生活圏が必要では?

なにかを考えるとき、無意識に選択肢の一部を排除してしまうことがあります。あとから聞けば「確かにそういう可能性もあったよね。なぜ思いつかなかったのかな？」と不思議に思うようなことでも、最初の思考からは抜けてしまう場合があるのです。本章では「あらゆる可能性を考える方法」について見てみましょう。

増え続ける生活保護はどうすべき？

生活保護の受給者数が増えています。**図15**を見てください。今や日本では１００人に１人以上が生活保護で暮らしており、支給費の総額は２０１０年末で３兆円にものぼります。ちなみに日本の消費税の総額は年間約10兆円です*。

しかも現在の生活保護受給者の半分は高齢者で、その数も**図16**にあるように急増しています。65歳を超えて生活保護を受けはじめたら、再び仕事を得て自活することはむずかしく、５年以上継続して保護を受給している高齢者世帯は、その６割以上にのぼっています。生活保護を受けている人は原則として医療費が無料ですから、病気になりやすい高齢の受給者が増えれば、必要な費用も増えるでしょう。

＊2009年の消費税額のデータ元
http://www.nta.go.jp/kohyo/tokei/kokuzeicho/shohi2009/pdf/kazeijyokyo.pdf

図15 生活保護の被保護人数と被保護世帯数

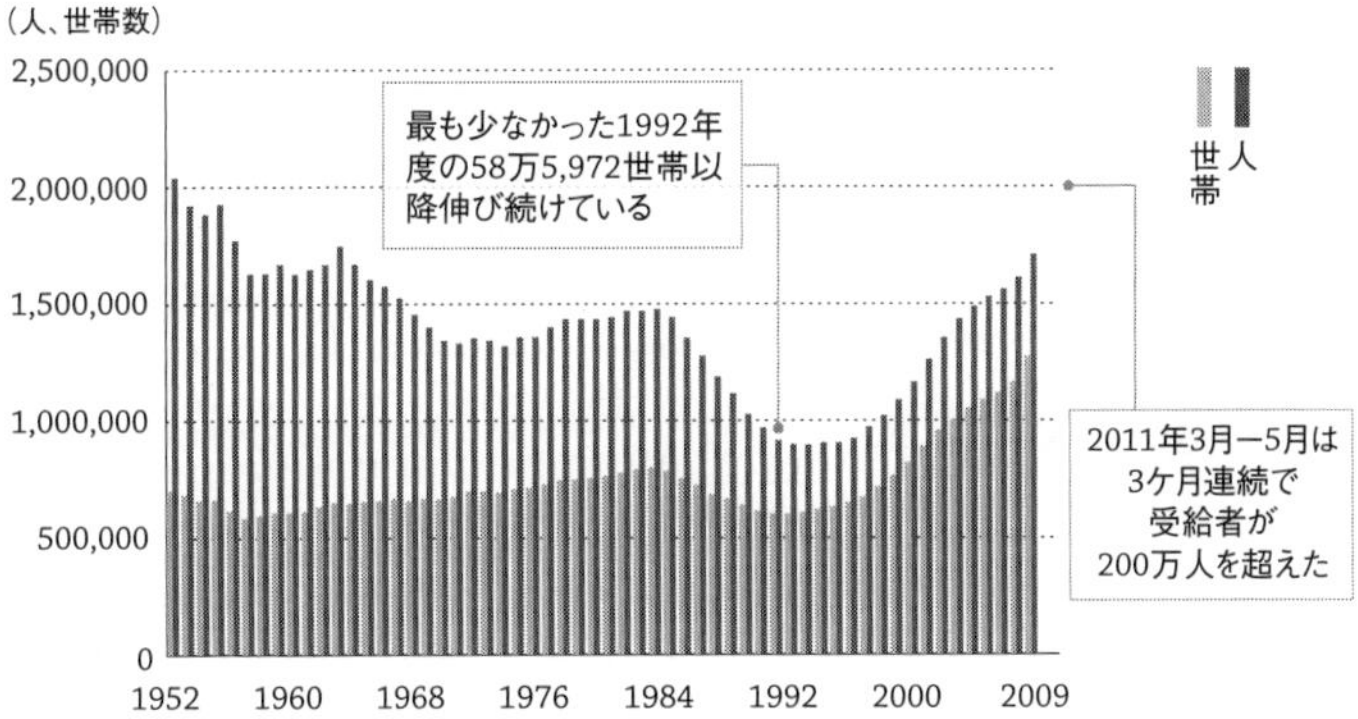

出所：国立社会保障・人口問題研究所の資料より著者作成

図16 生活保護を受ける高齢者世帯数

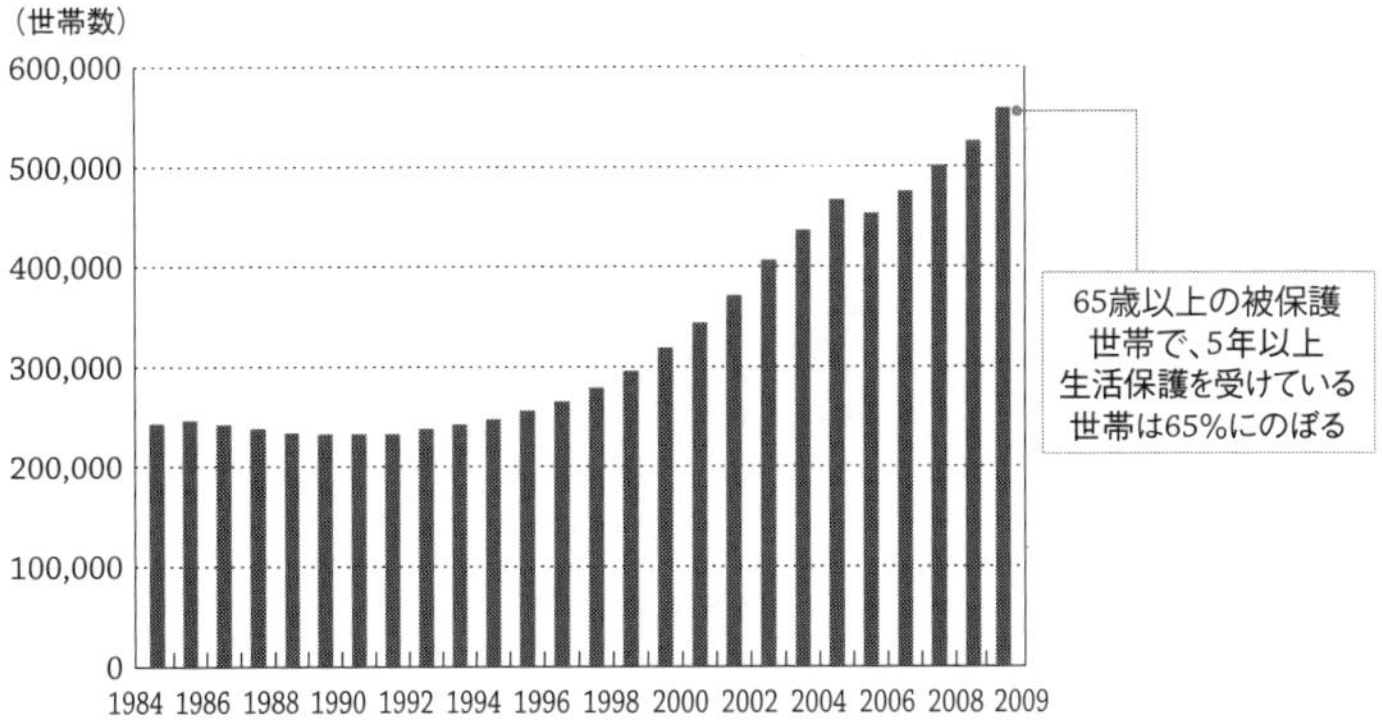

出所：国立社会保障・人口問題研究所の資料より著者作成

図17 生涯未婚率の推移

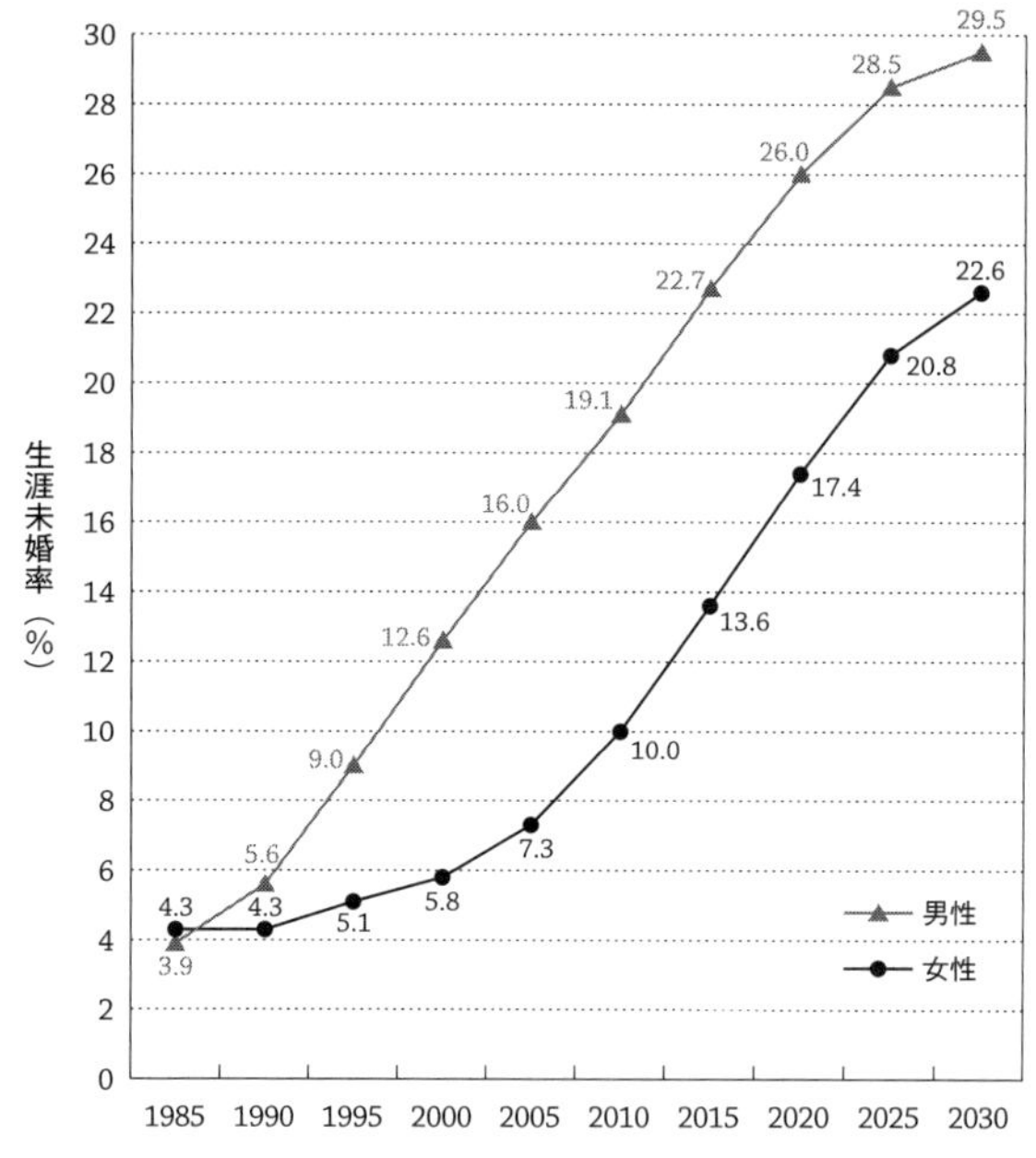

生涯未婚率は、50歳時点で一度も結婚をしたことのない人の割合であり、2005年までは「人口統計資料集（2010年版）」、2010年以降は「日本の世帯数の将来推計」より45～49歳の未婚率と50～54歳の未婚率の平均。

出所：国立社会保障・人口問題研究所「日本の世帯数の将来推計（全国推計）（平成20年3月推計）」「人口統計資料集（2010年版）」

また、30年後には〝ロストジェネレーション〟とも呼ばれる、1972年〜1982年前後に生まれた世代が老後を迎えはじめます。大学卒業時が就職氷河期であったため非正規で働く人も多く、年金だけでは生活できない人も今よりかなり増えるでしょう。

しかも図17にあるように生涯未婚率が急上昇しており、2030年には男性の29・5%が生涯未婚になるという衝撃的な予想まで出ています。結婚している場合も子供の数が減っていますから、子供もアテにはできません。今後も生活保護で生きていく高齢者はますます増えると予想されるのです。

「考えモレ」を出さない工夫

これはいったいどうすればよいのでしょう？　世の中には、もう一度経済を成長させ、個人の所得や納税額を増やして、増加する社会コストをまかなうべきという意見もあります。

ちきりんもその可能性を否定するつもりはありませんが、「再び経済成長を目指す」シナリオの他に、「経済がこのまま停滞する」や「よりいっそう衰退する」というシナリオでも対策を考えておくべきだとも思います。

今後このまま経済停滞が続き、増税や国債増発がむずかしくなった場合、私たちは増え続ける生活保護受給者をどう支えていけばいいのでしょう？　どんな解決策がありえるのか、考えられる選択肢をすべて挙げてみましょう。

増え続ける生活保護受給者。必要な予算をどう確保するか？

- 自活させる？
- 不正受給を減らす？
- 現物支給にする？
- 生活保護制度を廃止する？

…

他にも思い浮かびそうですが、この方法で考えていくと、「考えモレ」が出るかもしれません。そこでひとつずつ着実に考えていくため、工夫をしてみます。

図18を見てください。生活保護費の総額は、生活保護を受ける人数と1人当たりの支給額で決まります（世帯数×世帯への支給額でもよいです）。ということは、生活保護費総

図18　生活保護費総額を減らす方法　その1

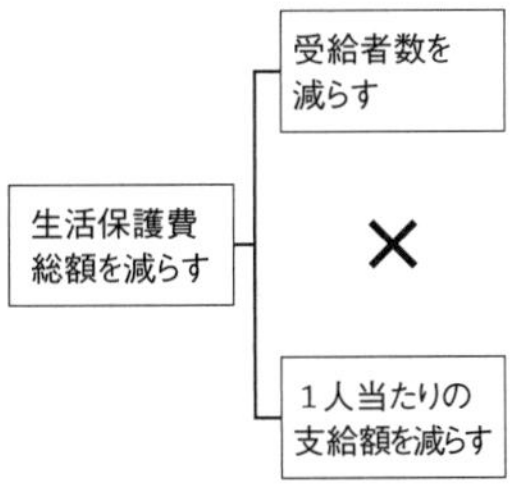

額を抑えるためには、受給者数を減らす方法と、1人当たりの支給額を減らす方法がありえます。もちろん両方を減らせればベストです。

このように分解図を使って考えると、「ありえるすべての可能性」を忘れず、網羅的に洗い出すことが可能になります。

では次に、受給者数を減らすにはどうすればいいでしょう？　図19のように、新規に受給する人を減らし、受給中の人に保護をストップしてもらえればいいですよね。このように二段目以降も「分解」することにより、あらゆる可能性がモレないよう考えを進めます。

加えて、多くの人が気にしている不正受

図19　生活保護費総額を減らす方法　その2

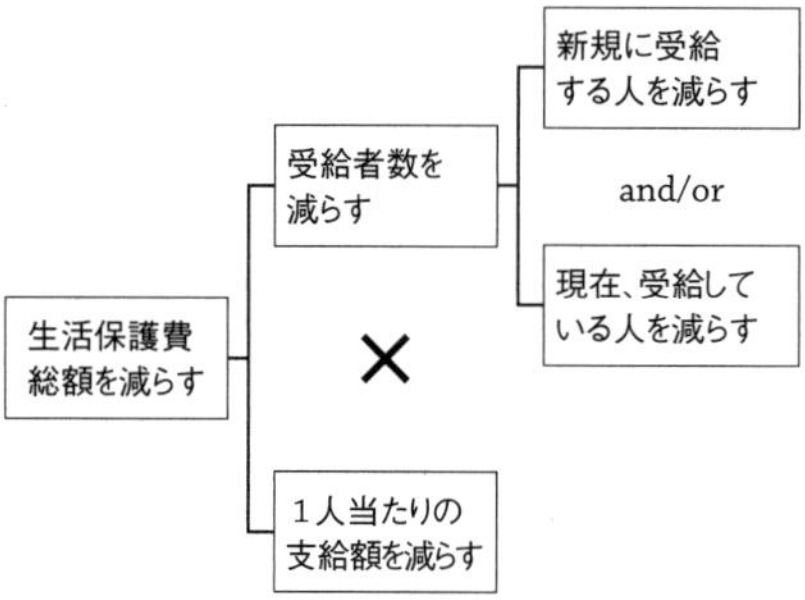

図20　生活保護費総額を減らす方法　その3

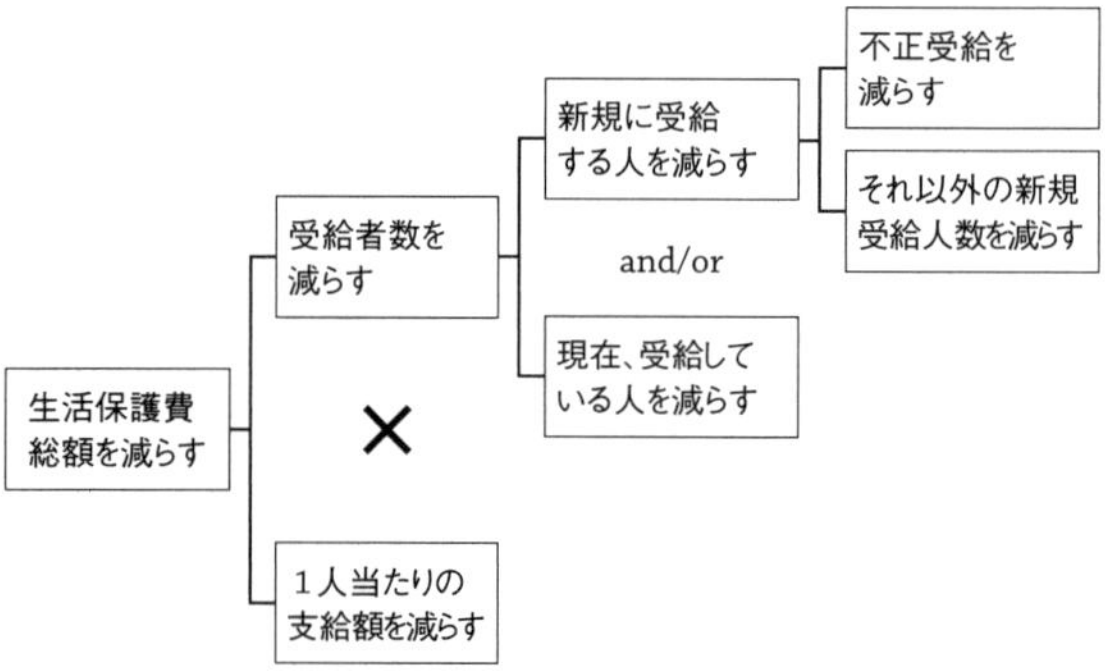

給を減らすという方法も加えると図20のようになります（ここでは省略していますが、現在受給中の人のなかにも不正受給者がいる可能性があるので、それを書き加えればより正確になります）。

生活保護の急増は、現実にも行政にとって頭痛の種となっています。そのため、報道によると行政は、次のような対応をしているようです。

- 市役所の福祉課によっては、申請に来た人に申請書を渡さず、窓口で追い返すような扱いをするところもあるようです。
- さらに、生活保護受給中の人に関しても、まだ病気が治っていなかったり、仕事が見つかっていないのに、強引に保護を打ち切ってしまうこともあると報じられています。
- また大阪では、働けるのに仕事が見つからないという理由で生活保護を受給する人を排除するため、役所が仕事を提供して、それに応じない人には保護を打ち切る、ということまで検討中のようです。
- さらに母子加算や老齢加算の廃止など、加算金の廃止が行なわれました（一部はその後復活しました）。

図21　生活保護費総額を減らす方法　その4

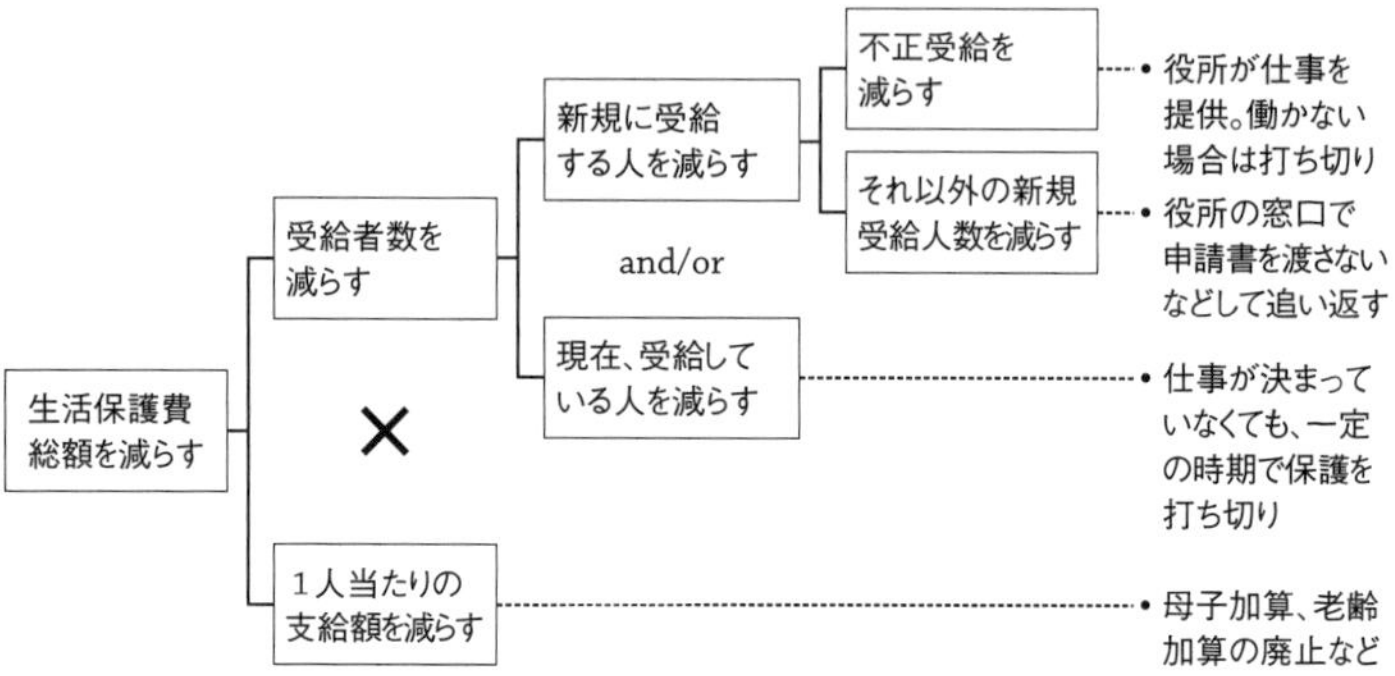

これらの施策を先ほどの図に当てはめてみると**図21**になります。

なるほど！　さすがお役所ですね。すでにすべての施策に取り組んでいるようです。大阪の取り組みを除けば、どれもこれもあまりに安直な対策ばかりですが、膨らむ一方の生活保護費に困り果てた役所は、文字通り「あらゆる可能性を検討している」というわけです。

あらゆる可能性を考えると出てくる「格安生活圏構想」

ところで、「1人当たりの支給額を減らす」方法として、今は各種手当の打ち切りなど支給額をカットすることばかりが検討

図22　生活保護費総額を減らす方法　その5

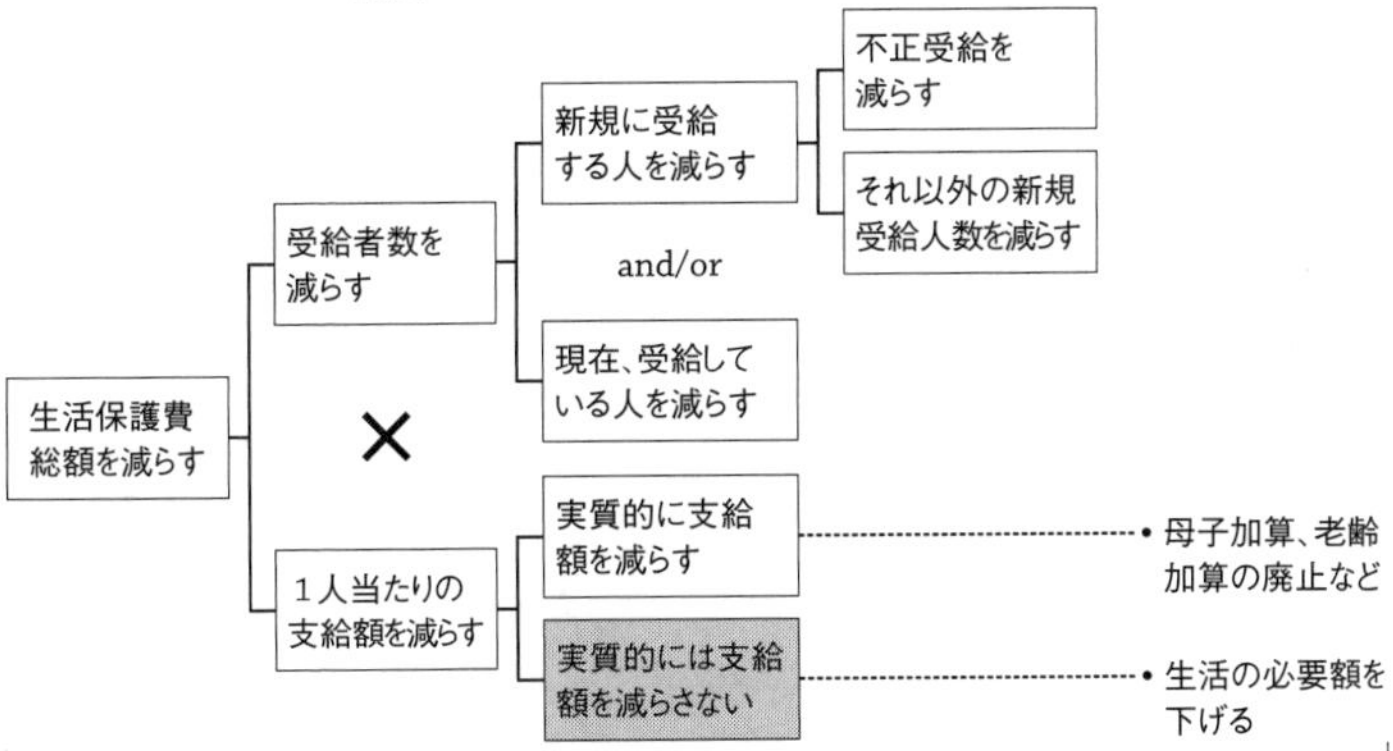

されていますが、じつは、「生活に必要な額を安くする」という方法もあるはずです。図22の網掛けをした部分ですね。

生活に必要な金額は、居住地域や形態によって大きく異なります。寒冷地では暖房費や衣服費がかさむし、家賃の高い都市部は地方より住居費がかかります。医療費に関しても、病気の予防にかかる費用の方が、悪化してから手術や透析など大がかりな治療をするより圧倒的に安くてすみます。さまざまな工夫により、同じ快適さの生活をするにしても必要な生活費を下げることは可能ではないでしょうか？

この観点から、ちきりんは2008年に「日本にも格安生活圏をつくったらいいんじゃないかな？」というブログエントリを書いています。[*] というのも、日本の街はどこもかしこもハイスペックですばらしく住みやすいけれど、それにかかる費用、つまり、基礎生活費が高すぎると感じるからです。

多額の敷金礼金や保証金がかかる賃貸住宅、基本料金だけでも数千円ずつ必要な光熱費、無料のはずなのに教材費や給食費、修学旅行費など多額のお金が必要な義務教育、高額のメンテ費用をかけて一年中掘り返され、キレイに整備された道路……。

この国は「健康で文化的な最低限の生活を営むための生活費」が高すぎると思いませんか？

ちきりんは、スーパーマーケットで売られているイチゴのパッケージを見るたび溜息が出ます。イチゴがみんな同じ方向に並んでいるからです。誰がイチゴをひとつずつ並べているのか知りませんが、その手間代はイチゴ代金に含まれています。そしてその手間代を払える人しかイチゴが食べられないのです！（こんなふうに並んだイチゴしか見つけられない国は、他にありません。）

などという例は卑近すぎるとしても、海外の大都市の多くには、家賃から物価までバカ高い高級住宅地がある一方、格安に生活できるエリアが都市部近郊に存在します。そういった地域では、1ヶ月分の家賃が払えない人でも部屋が借りられるよう、週ごとに契約で

＊"格安生活圏"ビジネス
http://d.hatena.ne.jp/Chikirin/20081121

きる安アパートが集まっていたり、屋台で格安な食事ができます。ミネラルウオーターのボトルもビジネス街の半額だったりします。

また、塾に通ったり習い事をする子供も少なく、「お金がないから子供が産めない」という話にもならないため、少子化も進みません。

こういった地域を〝スラム〟とか〝貧困地区〟と呼ぶ人もいますが、今の日本のあまりに高品質で維持費の高い住環境を考えると、むしろそういった地域を「格安生活圏」として認知し、その存在を認めていくのもひとつの方法ではないかと考えています。

こう書くとすぐに「格差の固定化を認めるのか!?」などの反論を受けるのですが、現実に格差があるのに全員に同じレベルの家賃や光熱費を払わせるから、お金がなくてアパートを追い出されたり、電気を止められる人が出てきているのではないでしょうか?

「たまに停電するけれど、電気代の基本料金はゼロ」というような、「サービスレベルは高くないけれど、格安に暮らせる地域」があれば、今よりラクに暮らせる人は確実に増えると思います。

いずれにせよ、今の日本の財政状況の深刻さを考えると、これからは「ありえるすべての可能性を検討する」ことが必要になるでしょう。

石原都知事はなぜ圧勝したの？

すべての可能性を検討すると、新たな視点が見えてくる例は他にもあります。

たとえば２０１１年の春、東京都知事選で石原慎太郎知事が四選を果たしたとき、その理由として「若者が選挙に行かなかったからだ」「石原氏を支持する高齢者人口が、若者人口に比べて圧倒的に多いからだ」などと言われました。

けれど同時に行なわれた大阪の府議会選挙では、橋下徹知事が率いる「大阪維新の会」の新人候補者が現職議員を押さえて当選し、大躍進したのです。これはなぜでしょう？大阪は東京と異なり、若者の投票率が高く、高齢化が進んでいないのでしょうか？

そんなはずはありませんよね。ちきりんは、東京と大阪の違いは、「投票する側」ではなく、「投票される側」にあったと考えています。東京都知事選に橋下徹氏のような候補者がいなかったことが、石原氏の勝因のひとつだったと思うのです。

都知事選で敗れた東国原元宮崎県知事もワタミ会長の渡邉美樹氏も、大都市のリーダーに不可欠な「対中央（国）の対抗意識」に欠けていました。また、日本で強者がもっとも多い東京で「弱者保護」を強調するなど有権者の心をつかみきれませんでした。

図23 東京都知事選に影響を与えた要因

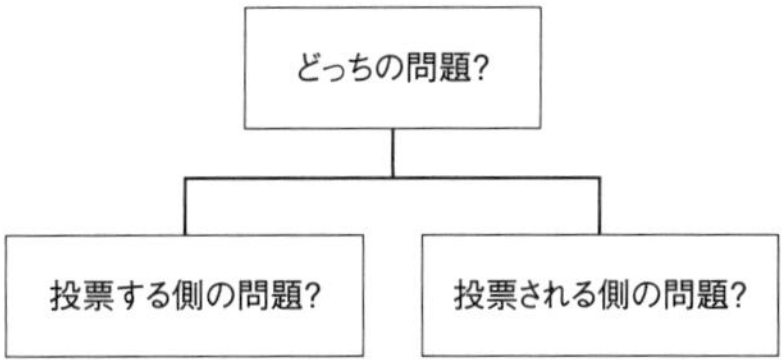

一方の橋下大阪府知事は、福祉や弱者保護ではなく、大阪都構想や空港の統合とハブ化、教育制度の改革など、都市部のリーダー層に訴える構造改革案をアピールしていました。

つまり、「東京都知事とはどんな仕事であり、何を訴えるべきか」を理解していた強い候補者がいなかったことも、石原氏圧勝の背景にあったと思うのです。

都知事選のあとに語られた「石原氏圧勝の理由」は、若者の投票率の低さや高齢者人口の多さなど、「投票する側」に関する理由ばかりでした。けれど、最初から**図23**のような分解図を見ながら考えれば、多くの人は「投票される側の問題」にも気がついたはずです。

このように、「あらゆる可能性を見つけるための分解図」を使いながら、自分の考えが無意識になにかに偏っていないか、注意深くふり返ることも、時にはとても大事なことなのです。

構成要素に分解し、あらゆる組み合わせを考えよう

さてここまで、「選択肢を分解しながら、意識的にあらゆる可能性を考える方法」についてご紹介してきましたが、この応用編として「概念を要素分解して、あらゆる組み合わせを検討する」という方法があります。

よく女性誌に「すべての面で完璧な女性」が特集されています。妻として夫と家族を支え、母として立派に子供達を育て上げ、女としても美しく魅力的な女優やカリスマ〇〇さん……こういった女性誌が掲げる「完璧な女性」を分解すると図24のようになります。

要素が3つでそれぞれアリ・ナシの2択ですから、女性のタイプは合計8種類となります。すべてもっている人が「完璧な女性」だとして、妻と母の面だけをもっている人はどんな人？……と考えてみたのが図25です。それぞれイメージが浮かびますよね。

図24 完璧な女性の3要素

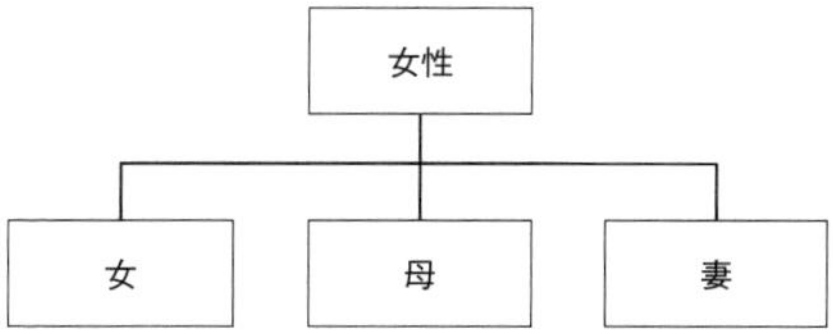

図25 8種類の女性タイプ

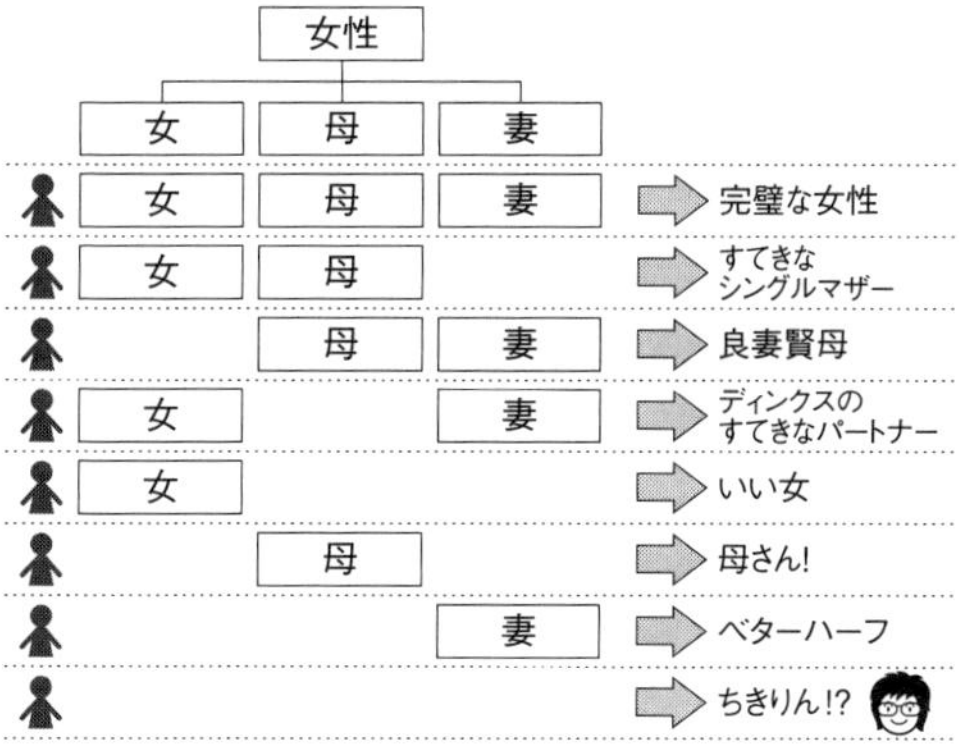

つまらない自虐分析をやっている場合ではありませんね……。話をもどしましょう！

この例では最初に女性を「女」「母」「妻」の3つの側面に分けましたが、このような要素分解はどうやってつくればいいのでしょう？　その方法について知るために、別の例で実際につくってみましょう。

たとえば、「歴史に名前が残るほど大きく世の中を変えるリーダーのもつ条件」はなんでしょう？

まず出てくるのは「能力」ですよね。けれど私たちは「能力」しかない人をリーダーとは呼びません。そういう人は「頭のいい人」とか、ときには「ガリ勉」と呼ばれます。では、この人がリーダーになるためにはなにが足りないのでしょう？

というように、ひとつの要素が出てきたら「これですべての要素が出尽くしているか？その要素だけで完璧か？」と考えていくのです。そうやってひとつずつ要素を出していき、「これらがそろえばリーダーだと言える！」と確信できれば、すべての要素出しが終わったことになります。

この場合であれば、能力の次は「人間系のスキル」が挙げられることが多いでしょう。「前向きで明るい性格」「根性」「コミュニケーション能力」といったものです。

3　あらゆる可能性を検討しよう

では、「能力」と「高い人間性」があればリーダーになれるでしょうか?

「なろうと思えば」なれそうですね。実際に、世の中にこういう〝できる人〟は一定数、存在します。でも彼らが全員、リーダーになるわけでもありません。なぜならリーダーになるのは「面倒で、大変」だからです。こういった人はそんなものを目指さずに、自分の能力や資質を自分と家族のためだけに使い、苦労せず幸せに生きる、という選択肢をもっています。

そのため能力と人間性に優れていても、リーダーとして成功するのは、「志」とか「社会実現の夢」「自己犠牲の精神」などをもっている人のみです。歴史に名を残すリーダーは、自らの利益より社会や公共の利益を優先して生きた人達なのです。

となれば次は「能力」「人間性」「社会的な志」をもつ人をイメージして、「この3つさえもっていれば、リーダーと言えるか?」と考えてみます。「他に必要な資質はないか?」「この3つしかもたない人を、自分はリーダーとして認識できるか?」と想像を巡らせるのです。これが、「あらゆる可能性を考える」という思考のプロセスです。

このように考えていけば、先ほどの「女・母・妻」の例と同様、ひとつの概念を構成する「すべての要素」を抽出することができます。そしてそれらの要素を組み合わせると、

図26　8種類の人のタイプ

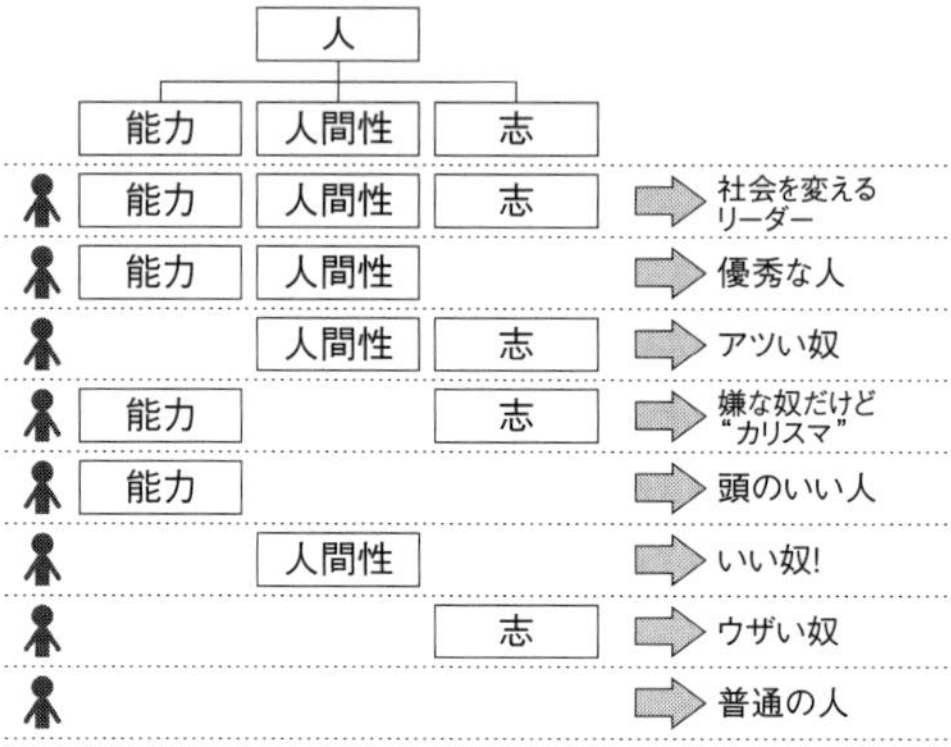

今度は「すべてのタイプ」が構成できるというわけです。

もしもリーダーの要素が「能力」「人間性」「志」であるとすれば、その組み合わせは図26のようになります。

余談ですが、ちきりんがアメリカの大学院で学んだとき、リーダーの養成に関する日米の大きな差に気がつきました。それは、「アメリカでは、リーダーが採るべき戦略や正しい方法論を学校で教えている」ということです。

「能力」「人間性」「志」がリーダーに必要な資質であることはどこでも同じです。しかし米国には、「ではそれらの資質がある人が、なにをどうすれば成功できるのか？」ということを学校で教えるシステムがあるのです。

おそらく日本でも昔の私塾や、〝一高〟と呼ばれた旧制高校などではそういった教育をしていたと思われます。しかし戦後の日本では、「リーダーを育てる教育」を「エリート教育」と呼び、「人に格差をつけるものだ」として忌み嫌う考えが出てきました。しかも教育界にそういう思想の人がいるので、「リーダーなら、こういうときにはこう振る舞うべきだ」という具体的な方法論を教える学校がほとんどありません。

そのため、「能力」「人間性」「志」のある人でも、その方法論については自ら試行錯誤しながら学ぶ必要があり、すごく時間がかかります。これが、日本で若い間にリーダーになるのがむずかしい一因です。

なかには試行錯誤の途中で失敗し、その失敗のために社会から排除されてしまう人まで出てきます。この点でも「失敗経験がある人は、その失敗から正しいやり方を学んでいるはず」という理屈で評価するシリコンバレーなどと日本は大きく異なります。日本では失敗は結果ですが、彼の地では失敗は「正しい方法論の学びの機会」です。

「能力」や「人間性」「志」といった本来のリーダーシップの構成要素について、日本人が他国の人に劣っているとは思いません。そういう人が効率よく「正しい方法」を身につけられる機会やしくみを増やしていくことが、これからは重要になるでしょう。

第4章

縦と横に比べてみよう

戦後経済の縦横比較から見える日本が進むべき道

すべての分析のはじまりは「比較」！

「考えるためにもっとも役立つ分析手法はなにか？」と問われたら、ちきりんは迷わず「比較すること」と答えるでしょう。私たちはごく幼いころから兄弟や友達と自分を比べ、ハンバーグと唐揚げを比べています。「比較」は誰にとっても身近な分析手法なのです。

比較には、「なにとなにを比較するのか？」(比較の対象)と、「どのような点について比較するのか？」(比較の項目)が必要です。たとえば**図27**の比較対象は自分と兄で、比較項目は上部に並べた3つです。

図28では、大人の生活を大きく「仕事、家庭、個人の趣味の時間」の3つに分け、各人がどれを重視しているかを比較しました。それにより、それぞれの人の生活スタイルの特徴が浮かび上がっています。

また企業の財務分析をする場合は、**図29**のように、安定性、収益性、成長性など、比較すべき項目が定番として決まっています。それらの点で比較すれば、各企業の特徴が一目でわかるからです。

図27 兄弟の比較

	テストの成績	運動神経	お手伝い	近所のおばちゃんのコメント
自分	苦手。特に算数が苦手	かけっこはいつもビリ。逆上がりもできない	いつもママのお手伝いをしている。妹の世話も僕に任せて!	**弟はやさしい子ね。将来、親の面倒をよくみてくれるわよ**
兄	全教科、常に成績優秀者リスト入り	スポーツ万能	面倒くさがりや。あまり好きではない	**お兄ちゃんは優秀でいいわね。将来が楽しみね**

図28 生活スタイルの比較

	仕事	家庭	趣味	
	会社に人生を捧げる働き方	すべて妻に任せきり	無趣味。仕事で誘われるゴルフのみ	**猛烈サラリーマン**
	男性よりバリバリ仕事をし、出世も早い!	夫と協力しながら、育児中	おしゃれだけは気を遣うが趣味の時間はない	**両立型キャリアウーマン**
	外資系企業できっちり仕事をする高給取り	単身者なので、たまに親孝行するくらい	バイク、音楽、旅行、食べ歩きと多彩な趣味に積極的	**単身趣味人生**
	外では働いていない	夫の両親、子供の世話など一手に引き受けている	昼間は主婦仲間でランチやお稽古ごとに行くことも	**昭和型専業主婦**

○:注力している部分

図 29　企業の財務比較

	安定性	収益性	成長性	
	多数の不動産をもち、手元資金も潤沢	市場は成熟化しており、伸び率は低い	新規事業はどれもうまくいかない	⇒ **伝統的大企業**
	常に資金不足を気にしており、綱渡りの財務	今は顧客ベースを増やす時期なので赤字	顧客数は急速に伸びており、注目度もうなぎ登り	⇒ **伸び盛りベンチャー企業**
	不動産はないが、必要な生産設備は保有	世界でこの会社しかつくれない製品なので、利益率が高い	マーケットは順調に数パーセントずつ伸びている	⇒ **ニッチなグローバル技術企業**

◯：強みのある部分

図 30　企業の目標設定も比較から

	技術力	企画力	販売力	組織力
我が社の現状	すばらしい技術があるが、散発的	親会社の指示通りにつくっている	関東周辺でのみ売れている	人材育成ができておらず、一部の人間だけが多忙
	⇩	⇩	⇩	⇩
経営目標	中心的な技術分野を定め、関連技術を集約したい	親会社に提案できる力をつける	関東の他、関西と中京地域で営業基盤を確立	ベテランによる後継者教育に力をいれ、層の厚い企業へ!

比較対象を「自社と他社」ではなく、「過去の自社と、現在の自社」にした場合は、「時系列比較」となり、さらに、図30のように将来の「あるべき姿」（経営目標）を想定して「現状」と比べることで、今後の経営の道筋が明確になります。

比較の基本は「縦と横」

ちきりんが社会人として最初に証券会社で働きはじめたとき、先輩に「企業分析の基本は二種類の比較だ。財務データはまず競合他社と比較すること。その次に、過去と現在を時系列に比較すること。まずはそれだけでいい」と教えられました。

以前に対談させていただいたライフネット生命保険の出口治明社長も、いつも「縦と横に見る視点が重要」とおっしゃっています。これも、「縦＝時系列比較＝歴史的な観点でものごとを見ること」と、「横＝他者比較＝国際的な視点でものごとを見ること」とのことですから、やはり比較といえばこの二種類を覚えておくべし、ということなのでしょう。

二種類の比較

①自・他の比較

・自分と他者

・自社と他社（ベスト・プラクティス分析）

・自国と他国など

②時系列の比較

・過去と現在（歴史）

・過去と現在と未来（予測）

・現在と未来のあるべき姿（目標）

歴史年表は超長期の時系列比較

連続的に長期間の時代を比較する「年表」も、時系列比較のひとつです。たとえば図31

図31　戦後日本の政治の歩み

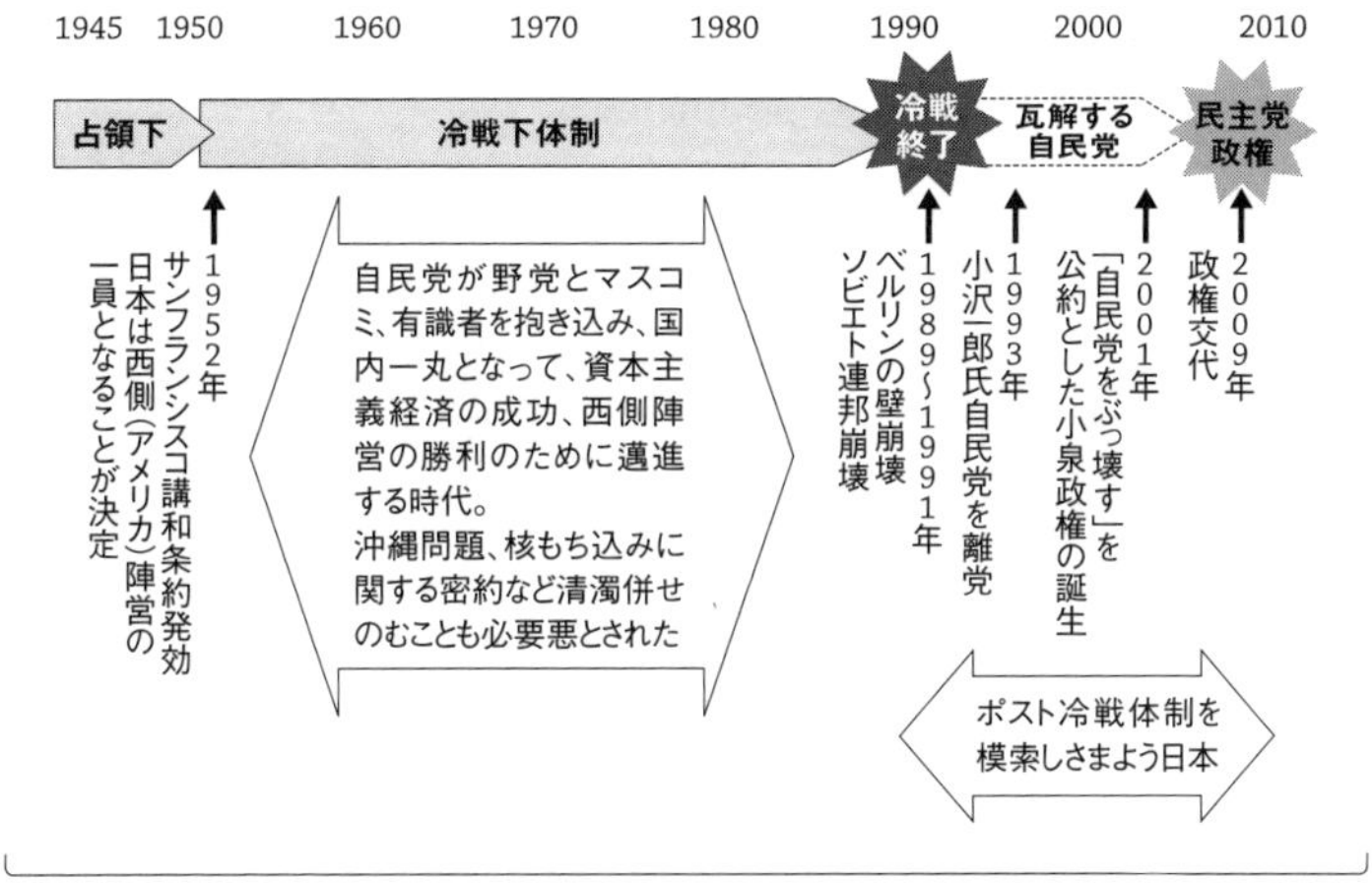
1945
1950
1960
1970
1980
1990
2000
2010
占領下
冷戦下体制
冷戦終了
瓦解する自民党
民主党政権
1952年
サンフランシスコ講和条約発効
日本は西側(アメリカ)陣営の一員となることが決定
自民党が野党とマスコミ、有識者を抱き込み、国内一丸となって、資本主義経済の成功、西側陣営の勝利のために邁進する時代。
沖縄問題、核もち込みに関する密約など清濁併せのむことも必要悪とされた
1989~1991年
ベルリンの壁崩壊
ソビエト連邦崩壊
1993年
小沢一郎氏自民党を離党
2001年
「自民党をぶっ壊す」を公約とした小泉政権の誕生
2009年
政権交代
ポスト冷戦体制を模索しさまよう日本

は、戦後日本の政治の流れをまとめたものです。

　1945年の敗戦後、1952年発効のサンフランシスコ講和条約で西側諸国の一員となるまで、日本は戦勝連合国の「占領下」にありました。"Occupied Japan"といわれた時代です。

　その後、朝鮮戦争、ベルリン分割、ベトナム戦争が起こり、世界は冷戦体制に入ります。このため、当時の日本にとっての最優先事項は、「政治的には共産主義や社会主義にならないこと」「経済的には資本主義国として成功を収めること」でした。その使命を確実に遂行するため19

55年に保守大合同で誕生したのが、自由民主党です（55年体制の確立）。

しかし、1989年から91年にかけて時代は大きく動きます。ベルリンの壁が崩壊し、続いてソビエト連邦が消滅、東西冷戦は一気に終焉に向かったのです。

その直後、盤石の地盤を誇っていた自由民主党に異変が起こります。順調にいけば頂点を極めたであろう小沢一郎氏が自由民主党を飛び出し、そのあとには「自民党をぶっ壊す！」というスローガンを掲げた小泉純一郎首相が登場しました。「冷戦下で西側陣営の一角を守るという使命を遂行するための政党であった自民党」は冷戦終焉により一気にその存在意義を失い、瓦解がはじまったのです。

図31を見ていると、戦後から半世紀近く、日本には政治的自由度がなかったことがわかります。私たちは、「共産主義国になりたくないなら」自由民主党と、米国の同盟国という立場を選ぶしかなかったのです。

その後、冷戦が終わってようやく「どんな政府をもちたいか」という自由度を得たのち、実際に私たちが自由民主党以外の政府を選ぶまでには1989年から2009年までの20年間が必要でした。この政治的混乱の時代は、そのまま経済でも「失われた20年」と呼ばれる停滞の時代となったのです。

今30歳以下の人にとっては、自民党の時代は、団塊世代がブイブイいわせていた高度経済成長のひたすら明るい時代に見えるかもしれません。けれど実際には、そのころの日本には政治的な自由はありませんでした。この20年間、日本が混迷を続けているのは、冷戦の終焉というパラダイムの大変換により、戦後初めて政治的な選択肢をもった国民が、自由な政治的選択にまだまだ戸惑っているからなのかもしれません。

日本・中国・韓国の100年を比べてみる

次に、日本と韓国、そして中国の三国について、それぞれ直近100年（1910年〜2009年）の歴史を比べてみましょう。図32をご覧ください。これも時系列比較と国際比較、つまり縦と横の比較です。

韓国では長く辛い時代が続きました。1910年には日本が韓国を併合、1945年に日本の敗戦で解放されたのちも、「米軍の傀儡《かいらい》政権」「クーデターによる軍事政権」が続き、民主的な選挙で大統領が選ばれはじめたのは直近の二十数年です。にもかかわらず、韓国ではすでに「反共vs親北」「財閥寄りvs民衆寄り」など、思想の異なる実質的な「二大政

図32　日中韓の100年の比較

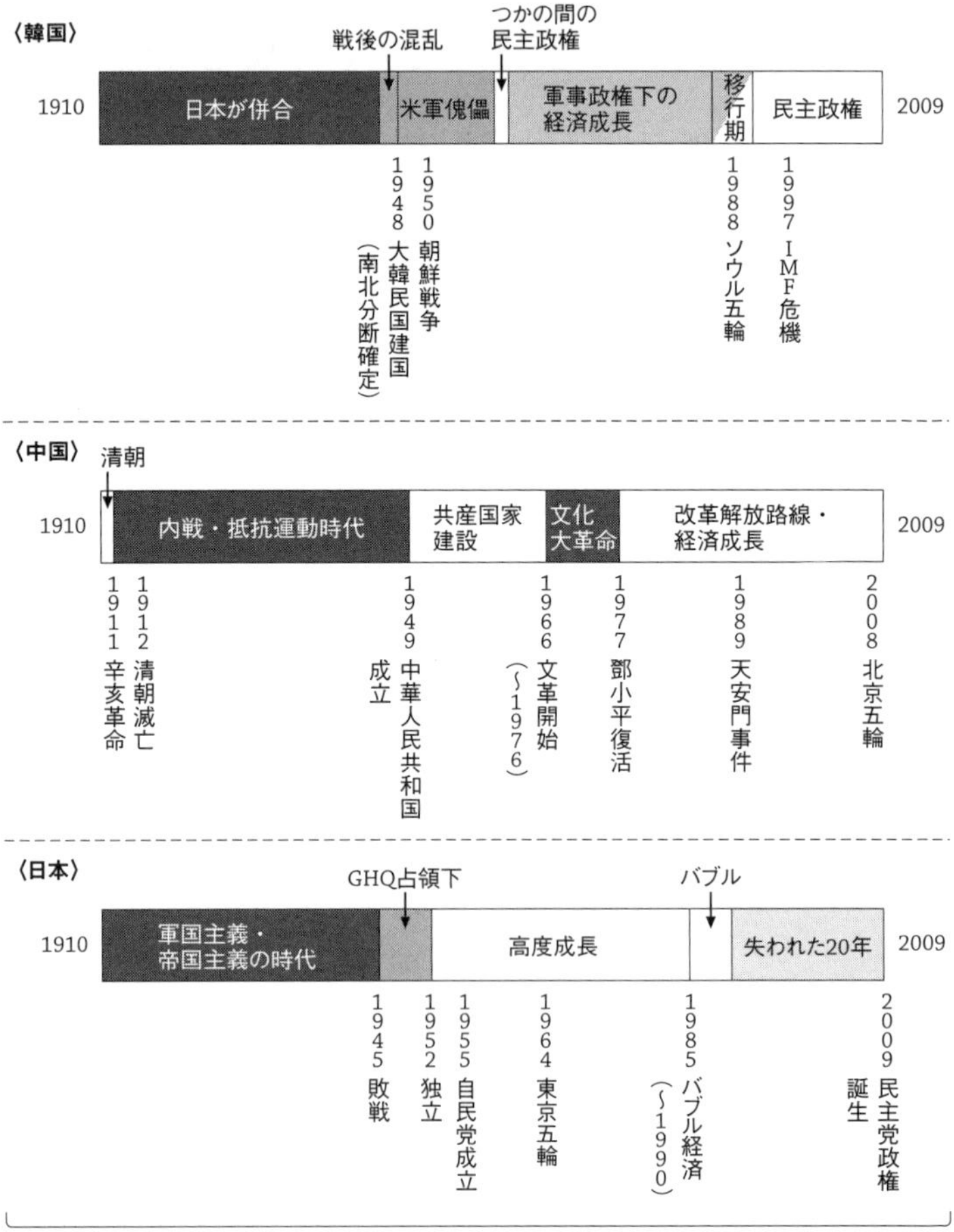

〈韓国〉
1910
日本が併合
戦後の混乱
米軍傀儡
つかの間の民主政権
軍事政権下の経済成長
移行期
民主政権
2009
1948 大韓民国建国（南北分断確定）
1950 朝鮮戦争
1988 ソウル五輪
1997 IMF危機
〈中国〉
清朝
1910
内戦・抵抗運動時代
共産国家建設
文化大革命
改革解放路線・経済成長
2009
1911 辛亥革命
1912 清朝滅亡
1949 中華人民共和国成立
1966 文革開始（〜1976）
1977 鄧小平復活
1989 天安門事件
2008 北京五輪
〈日本〉
1910
軍国主義・帝国主義の時代
GHQ占領下
高度成長
バブル
失われた20年
2009
1945 敗戦
1952 独立
1955 自民党成立
1964 東京五輪
1985 バブル経済（〜1990）
2009 民主党政権誕生

党政治」が実現しているのは興味深い点ではあります。

中国の1910年はギリギリ皇帝の治世でしたが、翌1911年に辛亥革命が起こり清朝は滅亡します。中国ではこのあと「皇帝を復活させたい勢力と、近代中国を目指す勢力」「地方を占有する軍閥と、中国統一を目指す勢力」「共産主義国を目指す勢力と、資本主義を支持する勢力」など、あらゆる勢力の間で内戦が起こります。さらに権益拡大を目指す日本や欧米列強の思惑もあり、中国という広大な国の統治権限を巡って長い戦いが続きました。1949年にこの戦いに勝利して国を統一したのが共産主義国家である中華人民共和国です。

その後1966年から1976年ごろ、今でもタブー視される「文化大革命」が起こり、共産主義革命と文化大革命というふたつの革命を通して、中国はそれまでとはまったく質の異なる国家に改造されます。最終的には1977年に鄧小平氏が政治的に復活し、ようやく改革開放路線が採用され、そこから中国の経済成長がはじまりました。

最後に日本の100年です。1910年頃の日本は軍事国家、帝国主義的な国家で、この体制は1945年まで続きます。その後は前述した通りです。

どうでしょう？　図32を見ると、前半の50年ほどはどこも暗黒の時代だということがよくわかりますよね。軍国主義に走っていた日本も、そのとばっちりを受けた中国と韓国も厳しい時代です。後半は、日本、韓国、中国と順番に経済成長がはじまり、日本はすでに後退期（転換期？）に入っています。

こうやって複数の国の同時期の歴史を縦横に比べると、さまざまな〝思考の種〟が浮かび上がってくるというわけです。

世界経済の縦横比較をしてみよう

次はより壮大なスケールで、戦後の世界経済について縦横比較をしてみましょう。ちきりんが大尊敬する経済学者、野口悠紀雄先生の『経済危機のルーツ　モノづくりはグーグルとウォール街に負けたのか』（2010年4月、東洋経済新報社）は、戦後の世界経済の動きを俯瞰できる名著です。この本では、第二次世界大戦後から2010年までの世界経済の変動について、米国、英国、ドイツ、日本、中国、ロシアを例にとって解説されています。

この本を読みはじめてすぐに「縦横比較」が頭に浮かびました。そこでパソコンに向か

図33　戦後の世界経済を縦横比較する枠組み

		戦勝国		敗戦国		共産陣営	
1945年	第二次世界大戦終了	英国	米国	ドイツ	日本	中国	ロシア
1950年代	ブレトンウッズ体制（世界経済の基軸は米国ドル）						
1960年代							
1970年代	東西冷戦体制 ニクソンショックと、オイルショックにより世界の通貨市場が統合、自由化						
1980年代							
1990年代	冷戦構造のない世界。モノと人が自由化						
2000年代							
	08年リーマンショック！						
2010年代	？						

って比較表をつくり、入力しながら本を読みました。そうしてできあがったのが図33のような枠組みです。

縦に時系列、横に比較する各国が並んでいます。時系列では、1950年から20年ごとに太線を引き、戦後の60年あまりを20年の期間で3つに分けて考えます。

各国比較の方は、英国・米国を「戦勝国」、ドイツと日本を「敗戦国」、中国とロシアを（当時の）「共産陣営」と3つに分けて考えてみました。

3つの20年のうち、最初の20年（ステージ1：1950〜60年代）は「ブレトンウッズ体制」と呼ばれる時代です。これは、1944年に米国、英国などが戦後の国際金融と貿易の枠組みを取り決めたもので、「金1オンス＝35米ドル」という金兌換《だかん》制度が採用され、他の通貨は米ドルとの交換比率が固定されました。これにより米ドルは公的に世界の基軸通貨と認められ、反面、その責務も負わされたのです。1971年にニクソン大統領が「ドルの金兌換停止」を宣言するまで、世界はこの枠組みの中にありました。

第二次世界大戦後の20年間×3つの時期
・ステージ1：1945年から1950年代&1960年代
・ステージ2：1970年代&1980年代
・ステージ3：1990年代&2000年代

ステージ2の1970年、1980年代は、ブレトンウッズ体制が崩壊し、世界の通貨が「変動相場制」に移行した時代です。これにより「世界全体で統合された通貨市場」が出現し、世界経済は市場として一体化されます。

また1970年代にはオイルショックで高騰した石油資源による膨大なペトロマネーが

出現し、その資金が統合された世界通貨市場に高い流動性を与えました。「世界の市場が統合され、巨額のマネーが流れ込んだ」ステージ2は、お金が世界を駆けめぐる時代の到来でした。

ステージ3の1990年代と2000年代は、日本にとっては失われた20年ですが、世界は冷戦終結に伴う新たな繁栄の時代を迎えていました。ロシアや中国に加え、インドやブラジルといった新興国が世界経済の表舞台に登場します。欧州は経済統合で地盤沈下を防ごうとし、米国はIT技術と金融技術により新たな経済成長を手にします。

英米にも「失われた20年」があった！

それぞれの時代に各国がどういう状態であったかを図に書いていくと、興味深いことに気がつきます。**図34**では、経済の調子が悪い時期には黒い網掛をし、よい時期ほど白に近づけてみました。

左上から右下にかけて、斜めに白い部分がつながっていますよね（矢印で示されているところです）。これは、20年ごとに経済繁栄期が、

図34　戦後の世界経済の変遷——工業化の繁栄

		戦勝国		敗戦国		共産陣営	
1945年	第二次世界大戦終了	英国	米国	ドイツ	日本	中国	ロシア
1950年代	ブレトンウッズ体制（世界経済の基軸は米国ドル）	繁栄の時代	圧倒的繁栄	焼け野原	焼け野原	一党独裁、計画経済などを通して、共産国家体制を強化	
1960年代		苦悩の時代（英国病）		再建	再建		
1970年代	東西冷戦体制 ニクソンショックと、オイルショックにより世界の通貨市場が統合、自由化		苦悩の時代	繁栄の時代!		苦悩の時代（腐敗と停滞の共産主義）	
1980年代		サッチャー登場!	レーガン登場!		（バブル）	鄧小平登場!	ゴルバチョフ登場!
1990年代	冷戦構造のない世界。モノと人が自由化	金融で再生!	ITと金融で再生!	東ドイツを養うつらい日々…	苦悩の時代	世界の工場として躍進!	ソビエト崩壊後の大混乱時代
2000年代				"ユーロ"の時代			資源とプーチンの時代
	08年リーマンショック!	最悪!!	最悪!!	ユーロ安でややマシ	最悪!!	相対的な力の上昇	
2010年代	?	?	?	?	?	?	?

「英米」→「日独」→「中露」と移動したことを示しています。野口先生はこれを、「工業化による経済成長」と命名されています。この時期にそれぞれの国で、農業から工業へ、第一次産業から第二次産業へシフトが起こり、生産性が大幅に改善して経済的繁栄が実現したというわけです。

次は**図35**でグレーから黒にぬられた経済停滞期に注目してみましょう。「工業化による経済成長」の中心地が世界を移動するのに伴い、その反動を受ける国が出てきます。たとえば1970〜1980年代には、日

図35　戦後の世界経済の変遷——脱工業化の苦悩

		戦勝国		敗戦国		共産陣営	
1945年	第二次世界大戦終了	英国	米国	ドイツ	日本	中国	ロシア
1950年代	ブレトンウッズ体制（世界経済の基軸は米国ドル）	繁栄の時代	圧倒的繁栄	焼け野原	焼け野原	一党独裁、計画経済などを通して、共産国家体制を強化	
1960年代		苦悩の時代（英国病）		再建	再建		
1970年代	東西冷戦体制 ニクソンショックと、オイルショックにより世界の通貨市場が統合、自由化		苦悩の時代	繁栄の時代!		苦悩の時代（腐敗と停滞の共産主義）	
1980年代		サッチャー登場!	レーガン登場!		（バブル）	鄧小平登場!	ゴルバチョフ登場!
1990年代	冷戦構造のない世界。モノと人が自由化	金融で再生!	ITと金融で再生!	東ドイツを養うつらい日々…	苦悩の時代	世界の工場として躍進!	ソビエト崩壊後の大混乱時代
2000年代				"ユーロ"の時代			資源とプーチンの時代
	08年リーマンショック!	最悪!!	最悪!!	ユーロ安でややマシ	最悪!!	相対的な力の上昇	
2010年代	?	?	?	?	?	?	?

独が工業化の繁栄期を迎えたことにより、米国と英国は「苦悩の時代」に突入しました。

オイルショックで売れなくなった燃費の悪いアメリカ車、それなのにストに明け暮れる労組。繊維、鉄鋼、テレビ、自動車とすべての市場を侵食する優れた日本製品。加えて国民はベトナム戦争に疲弊し、公民権運動で価値観が揺さぶられました。結果として価値が下がり続ける米ドル、イランでの大使館の人質救出に失敗する軍……70年代、米国はかくも深く落ち込んでいたのです。

英国も同様です。「ゆりかごから墓場まで」といわれた福祉国家を支えることができず、停電やストが頻発する国となり、その状況は「英国病」と世界中から揶揄《やゆ》されていました。

このころの英米の苦しみは、工業化による繁栄が中国へ移行した直近20年間の日本の苦しみとまったく同じです。「失われた20年」は日本だけに起こったわけではなく、米国も英国も同様の苦しい時代を経験していたのです。

脱工業化には強力なリーダーが必要

苦しみの時期を経た米国と英国はステージ3で華麗な復活を遂げます。「工業化による経済成長」を他国に奪われたのち、「脱工業化の経済成長」に成功したからです（これも野口先生の表現です）。

最初の経済成長である「工業化」の原動力は英国で起こった産業革命でしたが、2回目の「脱工業化」の原動力はアメリカで起こったＩＴ・情報革命（および、それを原動力とした金融分野の技術革新）でした。しかし技術だけでは社会は変わりません。社会を変えるためには、強力なリーダーが必要なのです。

どこの国にとっても「脱工業化」はつらいプロセスです。「過去の繁栄をもたらしてく

図36 工業化と脱工業化を経験した英米

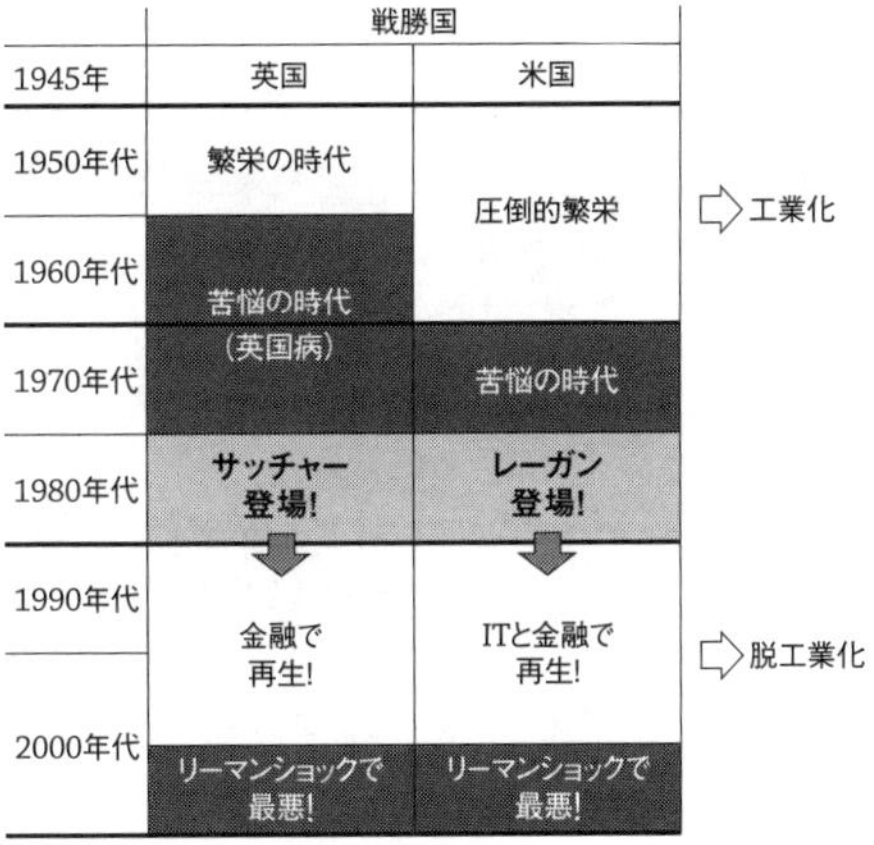

	戦勝国	
1945年	英国	米国
1950年代	繁栄の時代	圧倒的繁栄
1960年代	苦悩の時代（英国病）	
1970年代		苦悩の時代
1980年代	**サッチャー登場!**	**レーガン登場!**
1990年代	金融で再生!	ITと金融で再生!
2000年代	リーマンショックで最悪!	リーマンショックで最悪!

れた〝ものづくり〟でこれからも生きていくべきだ！」と考える人達がたくさんいるからです。しかも彼らは成功者で、既得権益をもっています。そういった勢力を抑えて改革を進めるには、強いリーダーが必要なのです。

図36を見てください。それが、米国ではレーガン大統領（1981年大統領就任）であり、英国では鉄の女、サッチャー首相（1979年首相就任）でした。

ふたりは公共工事を重んじるケインズ的経済政策や社会主義的な管理体制に嫌悪感さえもっていました。「自由な市場に任せること」が経済

図37　1980年代に登場した世界のリーダー

		戦勝国		敗戦国		共産陣営	
1945年	第二次世界大戦終了	英国	米国	ドイツ	日本	中国	ロシア
1950年代	ブレトンウッズ体制（世界経済の基軸は米国ドル）	繁栄の時代	圧倒的繁栄	焼け野原	焼け野原	一党独裁、計画経済などを通して、共産国家体制を強化	
1960年代		苦悩の時代（英国病）		再建	再建		
1970年代	東西冷戦体制 ニクソンショックと、オイルショックにより世界の通貨市場が統合、自由化		苦悩の時代	繁栄の時代!		苦悩の時代（腐敗と停滞の共産主義）	
1980年代		サッチャー登場!	レーガン登場!		（バブル）	鄧小平登場!	ゴルバチョフ登場!
1990年代	冷戦構造のない世界。モノと人が自由化	金融で再生!	ITと金融で再生!	東ドイツを養うつらい日々…	苦悩の時代	世界の工場として躍進!	ソビエト崩壊後の大混乱時代
2000年代				"ユーロ"の時代			資源とプーチンの時代
	08年リーマンショック!	最悪!!	最悪!!	ユーロ安でややマシ	最悪!!	相対的な力の上昇	
2010年代	?	?	?	?	?	?	?

復活の道だと信じたのです。こういった考えのリーダーの出現と技術革新が、米英に2回目の経済成長である「脱工業化の経済成長」をもたらしました。

さらに縦と横の表に整理したことにより、もうひとつ、大変興味深いことが浮かび上がりました。**図37**の1980年代を横に見てみましょう。アメリカにレーガン大統領（1981年）が、英国にサッチャー首相（1979年）が現われたのと同じ時期に、中国には鄧小平氏（1977年に政治的に復活）が、そしてロシアにはゴルバチョフ書記長（1985年に共産党書記長に就任）が出現しています。鄧小平氏は「改革開放路線」を掲げ、共産主義の中国に市場経済をもち込みました。ゴルバチョフ氏はソビエト連邦を終わらせ、資本主義の国に鞍替えさせた人物です。

つまり1980年代には、英国、米国というアングロサクソンの先進国と、中国とソビエト連邦という共産主義国家において、ほぼ同時に「市場経済への大転換」を率いる強力なリーダーが現われたのです。

ではそのころ、日本はなにをしていたのでしょう？……1980年代の日本はバブっていました。狂乱好景気に浮かれていました。そして、その絶好調の理由を、協調的な労使関係や株式の安定的な持ち合い、さらには終身雇用や年功序列など極めて非市場主義的な日本的経営システムのおかげであるとして、それらを賛美する声ばかりが存在したのです。米国、英国のみならず、中国やロシアにまで市場主義経済を推進するリーダーが現われていた1980年代に、日本では極めて社会主義的で管理主義的な制度がほめそやされていたというのは本当に皮肉なことです。

そしてこれが、ステージ3における大きな差となりました。「脱工業化の経済成長」を謳歌した英米、事実上の資本主義国としてよみがえってきた中国とロシア。その狭間で日本は失われた20年の苦しみを味わうことになります。

ちなみにドイツはこの時期、東ドイツの統合やユーロ統合を経験し、日本のバブル崩壊とは異なる悩みに直面していました。しかし「脱工業化」を達成できていないという意味では、やはり日本と足並みをそろえているように思えます。

さてさてその後のリーマンショック、さらには欧州の財政危機など、今後世界がどうなるのか興味は尽きませんが、それは本書の趣旨ではないのでこの話はこの辺で終わりにします。

ここまでの世界経済の歴史概観は、野口悠紀雄先生のすばらしい洞察と思考の結果ですが、それを縦と横の比較という視点で表にすると、戦後60年余に世界で起きたことが一目で理解できると同時に、今後の日本の進むべき道まで浮かび上がってきます。「縦と横の比較」のパワフルさが実感できますよね。

プロセスの比較もしてみよう

最後に応用編として、「プロセス比較」を紹介しておきましょう。図38では、主婦（主夫でもいいです）の料理プロセスを〝お料理上手な主婦〟と〝ダメ主婦〟で比較してみました。こうやってプロセスごとに比較すると、その違いは「料理」プロセスの巧拙だけで

図38 ダメ主婦とお料理上手主婦のプロセス比較

	献立決定	買い物	料理	片付け	保存
ダメ主婦	事前には考えない	その場でおいしそうなモノ、オトクなモノを買う	その日、食べる献立をつくる	食べ終わってから片付ける	冷蔵庫に入れておく
お料理上手	事前に数日分のメニューをまとめて考える	献立に沿って必要なモノを買う	その日の分に加え、翌日以降の分の下ごしらえも同時に済ませる	料理をしながら順次片付ける	使用予定日にあわせ、冷蔵と冷凍に分けて保存する

図39 企業買収のプロセス比較

	事業戦略	買収戦略	買収	買収後の経営
M&Aの得意な会社	事業戦略を立案する	戦略遂行にどのような企業買収が必要か、事前に検討し、複数の候補企業を評価して絞り込む。買収後の計画も立てておく	候補企業のうち、価格、タイミングが合う企業の買収を実行	事前計画に基づき、買収効果を現実化するため経営を行なう
M&Aの下手な会社	事業戦略を立案する	事前検討はなし（投資銀行から案件が提案されてから、個別案件の是非を検討する）	もち込まれた案件について、妥当と判断すれば買収を実行	買収後に計画を立てて実施

はなく、「献立決定」から「片づけ」や「保存」のプロセスまで、全プロセスにわたる差なのだということが浮かび上がります。

プロセス比較はビジネス分野でも効果的です。図39は企業買収のプロセスです。

買収が上手な会社と下手な会社には、2番目の買収戦略の検討プロセスに大きな違いがあります。欧米のコングロマリットなど、買収を繰り返して成長する企業は、平時から買収戦略を練り上げています。世界のどの会社が売りに出されたら買うべきか、その際いくらまで払ってもよいか、もし買えたら買収後はどのように経営すべきか、経営統合後はどのブランドを残すべきか、というようなことを、この段階で検討しているのです。

ところが買収に慣れていない企業では、この事前検討をほとんど行なっていません。検討するのは、投資銀行から「アメリカの○○企業が売りに出ています。買いませんか？」ともちかけられたあとです。具体的な案件がもち込まれてからでは検討時間が足りず、買収後の経営計画などほとんど白紙のままで買収の判断をすることになります。

これが、買収の正否に大きくかかわります。買収価格が10％違っても、５００億円の案件で50億円高くなるだけです。しかし、買収後の経営がうまくいかなければ、企業価値は

（株価の下落という形で）何分の一にまで減ってしまいます。企業買収においては「いくらで買収できたか」より「買った会社をうまく経営できるか」という点の方がよほど重要なのです。

こうやってプロセスごとの比較をすることで、4番目のプロセスである「買収後の経営」がうまくいかない理由は、じつは2番目の「買収戦略」の検討というプロセスに原因があるということがよくわかります。

プロセスに分解して比較することで、会社と会社、人と人など主体の比較だけではなく、「ものごとの進め方」や「段取り」まで直接的に比較できるようになるというわけです！

第5章

判断基準は
シンプルが一番

婚活女子を見習おう!

「判断基準が多い」と決められない

なにかを選ぶとき、選択肢が多いと悩みますよね。どこのマンションに住むべきか、どの学校に子供を進ませるべきか、どんな職業を目指すべきか。こういうとき、私たちは「選択肢が多すぎる！」と思います。「選択肢が多いから、迷ってしまって決められない」と感じるのです。けれどじつはそれは間違いです。

決められないのは選択肢が多すぎるからではありません。決められないのは、「判断基準が多すぎるから」なんです。

たとえばレストランを選ぶとき、小さな街でさえ選択肢は何十もあるし、東京ともなれば星の数ほどのレストランがあります。その中からひとつの店を選ぶのがむずかしい理由は、レストランが多すぎるからではなく、レストランを選ぶための判断基準が多すぎるからです。

味がいいのはもちろん、イタリアンもいいし、中華もいい、いや、エスニックもおいしそう。雰囲気もよいところがいいけれど、でも価格はこれくらいまで、会社から近くて、家に帰るにもラクな沿線で、予約の取りやすさも……などと言っていると、考えること自体に時間がかかるうえ、「おいしいけど高い」「手頃で旨くて雰囲気もいいけれど、いつも混んでいて予約がとれない」など、どこも一長一短になってしまいます。

一方、どんなにレストランの多い街で働いていても「昼食にかけられる予算は300円以内」という制約があるサラリーマンは、食事をする店の選択にほとんど迷わないでしょう。忙しくて昼休みが20分しかないという人も、店選びには迷いません。いくら選択肢が多くても、ひとつでも明確な判断基準があれば人はすぐに決断できるのです。

でも実際にはそれほど強制力の高い判断基準（制約条件）は存在しない場合も多く、そうなると「あれもこれも」とすべての条件を満たしたくなるのが人の常です。そしていつのまにかなにも決められなくなってしまうのです。

これはビジネスの世界でも同じです。利益率という判断基準だけで取り組むビジネスを決めるなら話は簡単です。儲かるなら進出し、儲からなくなれば撤退すればいいだけです。そこに「うちの看板事業だから」「今は儲からないが将来性があるから」「技術の維持には必要な事業だから」などと、異なる多くの判断基準をもち出すからなにも決められなくなってしまうのです。

こういったときに役に立つのが、「判断基準に優先順位をつける」という考え方です。

流行した言葉を使って「判断基準を仕分けする」と言ってもいいでしょう。

いくつも存在する判断基準は、すべてが同じ重要性をもっているわけではありません。その時々で「今、もっとも重要な基準はどれなのか」ということを見極め、思い切って判断基準を仕分けてしまいましょう。そうすると、決断することが一気にラクになります。

婚活女子の2つの判断基準

たとえば多くの婚活女子は切羽詰《せっぱ》まっているので、「顔も身長も収入も性格も家も財産も将来性も……」と多くの基準に固執したりはしません。そんなことをしていたらおいしい餌はすぐに他の魚に奪われてしまいます。

目の前にいい餌が現われたらすぐさまそれをモノにできるように、彼女らは、「重視すべき判断基準」をふたつにまで絞り込こみ、そのふたつの基準だけで即座に判断ができるよう身構えています。

そのふたつの基準とは、たとえば「経済力」と「相性」です。そして彼女らは、頭の中に図40のような表をもっているのです。

図40　婚活女子のマトリクス　その1

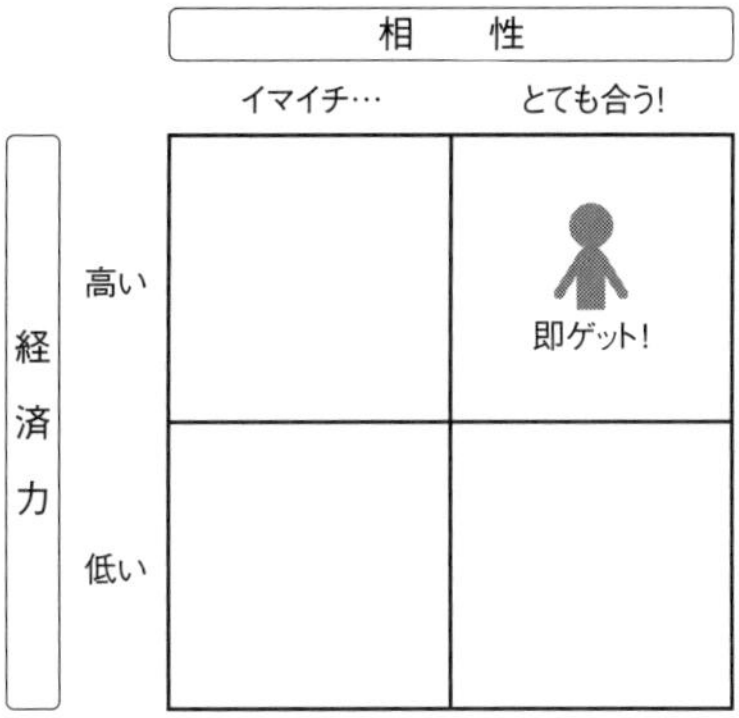

もし経済力もあり、相性もよい男性が現われたら、彼女らは「即ゲット！」するでしょう。でも実際にはこのボックスに入る人は多くありません。だからこそ多くの女性が熱心に婚活をしているのです。

経済力は低いけれど、性格やライフスタイルなど相性が合う人は右下のボックスに該当します。彼らに対する婚活女子の判断は「とりあえずキープ」といったところでしょう。結婚するかどうかにかかわらず、一生友達でいたいと思うタイプでもあります。

では、「経済力は高いけれどいまひとつセンスやテンポが合わない人」（左上のボックスの人）に出会った場合、この女性はどういう判断をするでしょうか？　先ほど

図41　婚活女子のマトリクス　その2

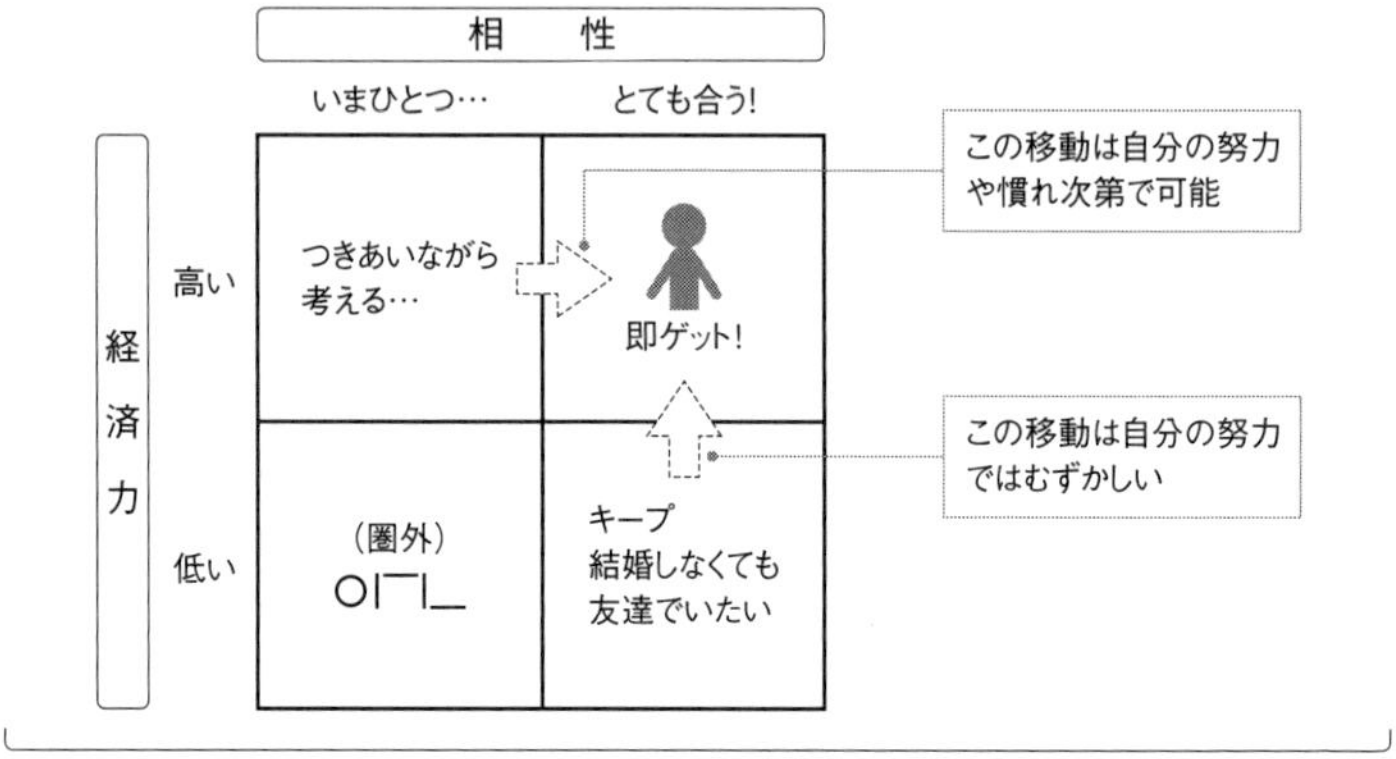

と同じように「一長一短だから、とりあえずキープ！」でしょうか？

じつは違うのです。彼女らはこのタイプの人にたいしては、「つきあいながら考える」という対応をします。ひとつの基準を充たし、もうひとつの基準は充たしていないという点では先ほどと同じなのに、なぜ対応方法が違うのでしょう？

こう書くと「結局、女にとっては金がすべてなんだな」と悪態をつく男性も出てきそうですが、そうではありません。経済力は「相手に求める条件」ですから、女性側ではコントロール不可能ですが、「相性」は女性側が歩み寄ることにより合わせることが可能です。

このため「相性は悪いが経済力がある」

候補者の方が「相性はいいが経済力はない」候補者より、理想である右上のボックス、「相性もよく経済力もある」に移動できる可能性が高いのです（図41）。

つまり彼女らは、「経済力よりは相性の方が、自分の努力で改善できる余地が大きい」という合理的な判断をしているわけです。別の言葉で言えば、このふたつの基準の中の優先順位も明確であるということでしょう。

なお経済力もなく相性も合わなければ、即座に「圏外」ボックスに入れられるのはみなさんもよくご存じの通りです。

さまざまな婚活イベントで目の前に次々と現われる男性を、婚活女子はこうやって迷いなく4つのボックスに振り分けており、この表を活用することにより、それぞれの人にどう対応すべきか、即座に決断できているというわけです。

「自分はなにによって物事を判断すべきか」という優先順位の高い判断基準を明確化しておけば、決断が簡単になるという、とてもわかりやすい事例です。

採用担当者のジレンマも一挙解決！

最近は毎年のように、学生の就職状況が厳しいという話を聞きます。それならば反対側にいる企業の採用担当者は、理想的な学生を苦労なく確保できているのでしょうか？

それが、必ずしもそうでもないのです。いわゆる〝ミスマッチ〟といわれる現象ですが、ちきりんに言わせれば、採用担当者があまりにも多くの基準をもち、どれも捨て切れていない（あきらめきれていない）ことが、超のつく買い手市場の昨今でさえ、企業側が採用に頭を悩ませている理由であるように思えます。

というのも、大企業の採用担当の人に「どんな学生が採用したいのですか？」と聞くと、「行動力がある」「苦労をいとわない」「責任感がある」「自分で考える」「前向き」「リーダーシップがある」「よく働く」「コミュニケーション能力が高い」など、数多くの条件が挙がってきます。

こんなに多くの条件を掲げたら、そりゃあ「ほしい学生が全然いない！」ということになるでしょう。最初に書いたように、選ぶことができない最大の原因は選択肢の過不足ではなく、選択基準が多すぎることなのです。こんなに多くの条件を掲げて完璧な応募者を捜していたら、いつまでたっても必要な人材を採用することはできないでしょう。

図42 日本の大企業で成功するための条件

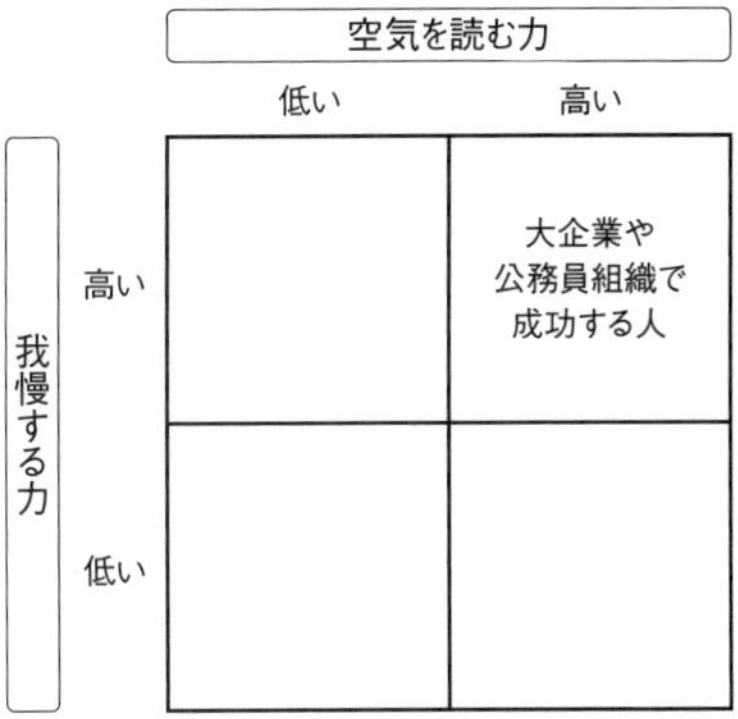

大事なことは（婚活女子を見習って！）、「我が社にとって大事な条件」をひとつかふたつに絞り込むことなのです。

ちきりんの独断と偏見で決めつければ、日本の大組織で成功するために重要な条件はずばり、「我慢する力」と「空気を読む力」でしょう。大企業は最初から正直にそうぶっちゃけ、このふたつの条件で学生を採用すればいいのです。このふたつを先ほどと同じ縦横2分割のマトリクスにすると**図42**のようになります。

右上ボックスに入るような、「我慢する力が高く、空気が読める人」は、大組織の暗黙のルールも周到に読み取り、周りの動きを見ながら自分に求められている役割を正確に理解して適切に振る舞えます。また（みなさんもよくご存じの通り）大組織にはさまざまな理不尽が存在しますが、彼らはそんな環境下でもじっとだまって我慢をしてくれます。

一方、たとえ能力が高くても我慢する力の低い人を雇ってしまうと、大企業や大組織のあまりの時代錯誤さや理不尽さに耐えかねて、入社3年以内や、ときには入社直後に辞めてしまいかねません。

そういう学生は、「仕事が終わっているのに、上司の帰りを待たなければいけない」とか、「制度上認められてはいるけれど、有給休暇は自由にとってはいけない」といった矛盾に耐える力に欠けているからです。

また、我慢する能力が高くても空気を読む力が低い人を雇うと、青臭い正論を振り回すため、〝大人の社会〟に混乱を生じるリスクがあります。彼らは業界に長く残る（多くの場合、珍妙な）暗黙の掟について公の場で堂々と質問してしまったり、エライ人の多い会議でも上司の顔色ひとつ読まずに正論を発したりしてしまいます。これではあうんの呼吸を重んじる伝統的な日本の組織では大きな摩擦が生じます。

よく大企業の担当者は、「自分の頭で考える、行動力のある学生を雇いたい」などと安直なことを言いますが、そんな学生を雇うから、すぐに愛想をつかされて退職されてしまうのです。最初から本音の判断基準をひとつかふたつに絞り込んで、それにそって採るべき学生を選んでいれば、そんなやっかいな事態も避けることができるでしょう！

社会人適性の4分類

余談ですが、「空気を読む力は高いけれど、我慢する力が低い人たち」（右下ボックス）は、起業家やフリーランスなど自由人として生きるのに向いています。

彼らは好きなことなら頑張るし、社会や市場の空気を読んで立ち回る才覚もあるけれど、「自分がくだらないと思うことについて我慢するのは人生の無駄使い」だと感じているので、組織で働くことに向いていません。

一方で、我慢強いけれども空気を読むことは得意ではないという人は、今の社会では「ワーキングプア」の立場に追いやられがちです。彼らはなまじ我慢強いため、ひどい雇用者にもいいようにコキ使われ、ときには心身に障害をきたすほど頑張ってしまうこともあります。我慢強いことが徒《あだ》になっているのです。

さらに、「組織のくだらないルールには我慢もできないし、かといって自分で世の中のトレンドを読んで対応していくことも得意ではない」という人達もいます。左下のボック

図43　資質と職業適性（おちゃらけマトリクス）

我慢する力 ＼ 空気を読む力	低い	高い
高い	ワーキングプア	大企業や公務員組織で成功する人
低い	ニート	起業家 フリーランス 自由人

スに入る人達ですね。こうなると、いわゆる職業社会からは離れて生活せざるをえず、ニートやフリーターとして生きていく人が多くなります。これら4つをまとめて表に入れると図43のようになるわけです。

判断基準は「目標の姿」から導かれる

ところで、婚活女子の「判断基準をふたつに絞り込む」というやり方は、国の政策議論のレベルでも有効です。

今の日本は財政的な余裕がまったくないにもかかわらず、予算を必要とする政策は無数にあります。年金も破綻しそうだし医療や介護も資金不足、教育にも雇用対策にも十分なお金はまわっていません。でもこれ以上の借金（国債増発）はもうむずかしく、国も地方もお金が足りないのです。

そうなると必要になるのは、限られた予算をどの政策に振り向けるべきかという優先順位づけなので、婚活女子のように「この基準で優先順位を決める！」という基準が明確になれば、重要な政策とそうでない政策を分けることができます。

ところが今の日本では、国の政策に優先順位をつけるための判断基準が明確になっていません。そのため、声の大きな圧力団体からの要望が優先されてしまったり、各省庁が「我が省の権限強化につながるか、天下り団体が確保しやすいかどうか」という基準で決めてしまったり……。こんな状態のまま「お金が足りないから増税を！」と言われても納得できませんよね。

5 判断基準はシンプルが一番

なぜ私たちは、政策の優先順位を決める「判断基準」がもてていないのでしょう？

それは「国全体として目指すべき目標の姿」が見えていないからです。「目標の姿」が決まれば、それを実現するためにどのような判断基準を使えばよいかは、自《おの》ずと明らかになります。

婚活女子が明確な判断基準をもち得ているのは、彼女らが自分達の「目標の姿」をはっきりとイメージできているからです。そして、「その目標の生活を実現するためには、なにが一番大事なのか？」ということを考え尽くしているからです。反対にいえば、自分の将来の「目標の姿」が明確でない女性が婚活をしても、うまくいきません。

先ほど「企業の採用基準にも優先順位がついていない」と書きましたが、ここでも、目指すべき姿が見えていない企業ほど採用基準を絞り込めていません。

先行きの見えない中で、自社がどのような戦略で生き残っていくのか、どんな企業となることを目指しているのか、という「目標の姿」が描き切れていないと、それを実現するために必要な人材の条件も絞り込めません。その結果、総花的に「とにかく優秀で、なんでもできる人を採用したい！」となってしまうのです。

では日本という国は今、どんな国を目指しているのでしょう？　北欧のような高福祉の国なのか、英仏のような中福祉なのか、それとも米国のように自己責任や市場原理を重視した国なのか？

また、これからも「製造業」「モノづくり」の国として生き残ることを目指しているのか、それとも脱工業化を目指し、競争力のあるサービス産業を育てていきたいと考えているのか？

5 判断基準はシンプルが一番

もしも「これからもモノづくりの国でいくのだ！」というなら、個別の政策については「その政策は、製造業が国内に残ることに資するのか？」という判断基準にそって取捨選択すればいいのです。

そうなれば、「円安誘導」や「安い電力の安定供給」「移民を含む単純労働者の海外からの受け入れ」「ＦＴＡやＴＰＰのような自由貿易政策」などが優先順位の高い政策となるでしょう。一方で、製造業の負担を重くする「環境規制の強化」「非正規社員の待遇改善」や「福祉の充実」などは、優先順位が低いと判断されます。

反対に、もし日本が今後は第三次産業に経済成長の源泉を移していきたいと考えるのであれば、判断基準は「サービス産業の国際競争力強化に資するか？」というものになります。

この場合は、観光産業に役立つ国際ハブ空港の整備や格安航空会社の積極誘致、サービス業で働く国民全体の語学力の向上などが優先順位の高い政策となります。他にも金融や教育、ホスピタリティ産業を側面支援する政策も重要視されることになるでしょう。

政治に関して「政策論争が大事だ」とよく言われますし、選挙の際には「マニフェストで選ぶべき！」と言われることも多くなりました。しかし重要なことは、「増税か、否か」「子ども手当か否か」「農家の所得補償か否か」といった個別政策への賛否ではありません。

政治家も政党も個別政策ではなく、「日本は今後、どんな国を目指すのか」という「目標の姿」を掲げて政権を争うべきなのです。そして、その中からひとつの「目標の姿」が選挙を通して国民に選ばれれば、次に「その姿を実現するために、私たちがよりどころにすべき判断基準」が明確化され、最後に個別の政策がその基準にそって取捨選択されるのです。

判断基準をもたないまま、目の前に出てきた政策をひとつずつ、「この政策は大事か？必要か？」と個別検討していたら、すべての政策が「大事だ！」「必要だ！」「予算をつけるべきだ！」という結論になってしまうのは当然です。

医療予算も大事だし、子育て予算も大事です。基準がなければ「借金をしてでも、どちらも予算をつけよう！」という話になってしまいます。巨額の財政赤字は「必要な予算」を積み重ねてできてきたものであり、今の私たちに必要なのは、その中のどれを優先するのか、ということを判断するための基準なのです。

判断基準を絞ることで、本質が浮かび上がる

ところで、基準を絞り込むという話をすると必ず「現実は複雑なのだ。ふたつの基準だけで判断するなんて乱暴すぎる！」という意見が出てきます。

確かにその通りでしょう。世の中は複雑です。大事に思えることはたくさんあります。でも、だからこそ「その中で、もっとも大事なことはなんなのか？」という点を見極める必要があるのです。そして、多くの選択肢の中から大事なものを見極めるためには、あえてシンプルな基準が必要なのです。

詳細にこだわれば、単純化された表には書ききれないくらい多くの現実があることは誰しも理解しています。婚活女子だって「経済力と相性だけで結婚相手を選べば完璧だ！」と思っているわけではありません。

しかし「あれもこれも」「あっちの利害もこっちの利害も！」と言っていたら、なにも決まらなくなります。なにも動かなくなるのです。

そのことに気がつき、判断基準を絞りこんだ人だけが結果を得ることができます。優先度の高い基準を選び、その視点だけから選択肢や事象を見ると、細部が省略され、本質的なポイントが浮かび上がります。

「細部の省略」に抵抗感のある人も多いのですが、細部にこだわりすぎてなにも決まらない、なにもはじまらない状態になってしまった国や組織を私たちは望ましい状態だと思えるでしょうか？

本章で使った表は「２×２マトリクス」（ツーバイツー・マトリクス）と呼ばれています。この表を書こうとすると、縦と横にひとつずつ、計ふたつの判断基準が必要です。反対にいえば、それ以外の基準は切り捨てられます。判断しようとする人に、「あなたにとって大事な基準はどれなのか？」という問いが突きつけられるのです。

「重要な判断基準を選ぶ」「選んだ基準において、ものごとを〝白黒〟に明確に分ける」という作業が、枝葉末節に囚われずズバリと本質を抽出するために役立つのです。

第6章

レベルをそろえて考えよう

生活者目線で霞ヶ関の組織図を書いてみた

アフリカって1つの国!?

考えるときにくれぐれも注意したいのは、「思考のレベルをそろえる」という、ごく当たり前のことです。異なるレベルの事象をごちゃ混ぜにしてしまったら、考えはじめる前から間違えてしまいます。

たとえば最近、消費市場としてアフリカ大陸の可能性を高く評価する意見を聞くようになりました。そしてその中でよく「アフリカには9億人以上の市場がある」という言い方がされています。

この9億人とはアフリカ全土の合計人口のことです。けれどなぜアフリカだけ「大陸全体の合計人口」が取りざたされるのでしょう?

アフリカについて「9億人の市場だ！　巨大だ！　有望だ！」というのなら、アジアなんて35億人以上の市場です。インドには一国で11億人以上の人口がいるのです。

アフリカには54の国があり、同じ国の中にも異なる民族や言語が混在しています。内戦や宗教対立により一国にふたつの〝政権的な権力〟が存在する場合さえあります。どこにアフリカをひとつの市場として語る合理性があるのでしょう?

35億人もいるアジアにおいても、どの国でも同じ商品が同じ方法で売れると思う人はいないでしょう。成長率や規模など「市場の有望さ」も国によりさまざまです。それはアフリカも同じはずです。

アフリカにビジネスチャンスがありそうだという話に反論する気はありませんが、少なくとも「9億人の市場」と言うのであれば、なぜアフリカだけは大陸全体で合計して考えてもよいのか、ということについての説明が必要だと思います。

議論のレベルがずれてない？

数字を比較する場合に加え、議論する場合にもレベルをそろえることはとても重要です。

次の会話を見てください。

> Aさん
> 「何回も契約更新を繰り返して、同じ職場で5年も働いているのに正社員になれず、有給休暇もボーナスももらえず、不安定な立場に置かれている人がいるのはおかしい。こんな非正規雇用契約は禁止すべきだ！」

Bさん

「でも、契約社員として一定期間だけ働きたい人も世の中にはたくさんいるんですよ。全員が全員、正社員になりたいわけではありません。働き方の多様性も確保する必要があります。」

テレビ討論などでよく聞く問答ですが、Bさんの発言はAさんの意見への反論として成立していません。Bさんは「でも」で話しはじめているので、Aさんの意見への反論を言う必要があります。けれど、Bさんの意見はそうなってはいないのです。

ステップごとに分けて理解すると、Aさんの主張はこうです。

Aさんの主張

①世の中には非正規の社員と、正社員がいる。

②非正規社員の中には、自分で望んでそうなっている人と、本当は正社員になりたいのに仕方なく非正規雇用で働いている人がいる。

③正社員を望んでいるのに正社員になれない人の中には、何回も同じ会社で契約を更新しながら非正規社員のまま長年働いている人がいる。
④その中には、有給休暇もボーナスもないなど、不公正な労働条件を強いられている人がいる。また彼らは長年働いていても、急に解雇されてしまうこともある。これは不当なことである。

このAさんの主張のうち、②はBさんの発言趣旨とまったく同じです。「非正規雇用の人のうち、望んで非正規雇用という立場を選んでいる人と、正社員になることを望んでいるのに非正規雇用を余儀なくされている人が存在する」ことは、Aさんの発言の前提に存在しているのです。その前提に基づき、Aさんは、「望んでいるのに正社員になれない人の問題」を取り上げています。

ところがBさんは話を数段階前に戻し、「自ら望んで非正規雇用の人もいる」と言い出しました。Bさんは A さんの主張の前提（の一部）をリピートしているにすぎないのに、それをあたかも有効な反論であるかのように「でも」でつなぐのは論理的ではありません。

これを図にすると**図44**のようになります。

図44　AさんとBさんの話題の領域

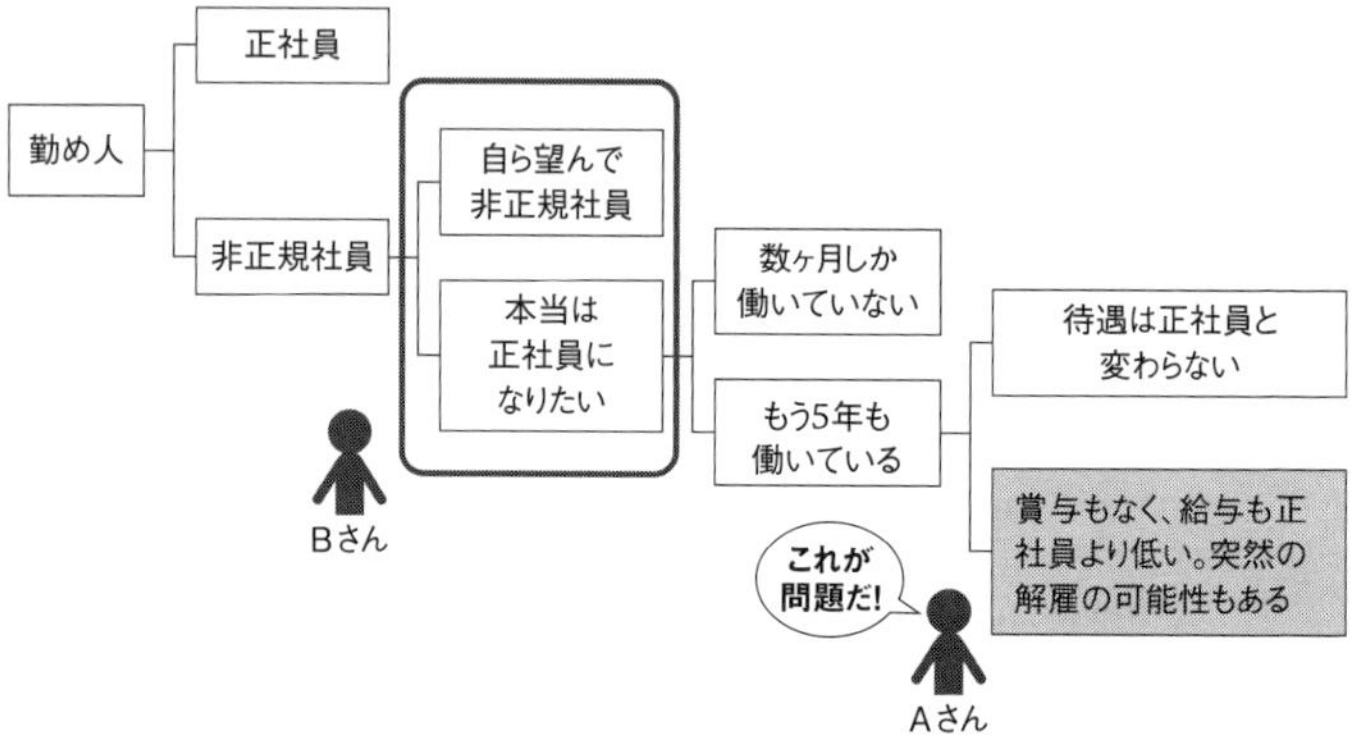

Aさんが問題視しているのは、グレーにぬられた枠の中の人の待遇や雇用条件です。しかし、Bさんが主張しているのは、太枠の中には2種類の人が存在する、という話です。「太枠の中に2種類の人がいる」ことはAさんも否定していません。2人の話はレベルがそろっていないのです。俗に言う「かみ合っていない」議論ですね。

もしかするとBさんは、意図的に異なるレベルの話をして、議論を回避しようと目《もく》論《ろ》んでいるのかもしれません。これは交渉ごとではよく使われる技法です。

そういった場合、Aさん側が「話題レベルのズレ」に気がつかないと、まんまと話をはぐらかされてしまいます。相手が意図的にレベルをずらしてくるなら、図44のような図を使って、「私たちは今、どのレベルの話をしているのか？」ということを確認しながら議論を進める必要が出てくるでしょう。

省庁のネーミングを消費者庁にそろえてみると

他にも、レベルのズレをそろえると、思いがけないことが浮かび上がることもあります。2009年に「消費者庁」という新しい行政組織が発足しました。さまざまな商品事故や詐欺事件の防止に努め、消費者の視点から政策全般を監視する省庁です。

次の省庁一覧を見るとわかるように、消費者庁は公正取引委員会や金融庁とともに内閣府の下に置かれています。内閣府の下にある組織は、(宮内庁を除き)「監視、監督が職務」という共通点があるように見えます。

官公庁一覧*

- 内閣官房
- 内閣法制局
- 人事院

*出所：首相官邸ホームページ（2011年10月1日現在）
http://www.kantei.go.jp/jp/link/server_j.html

・内閣府（宮内庁、公正取引委員会、国家公安委員会〈警察庁〉、金融庁、消費者庁）
・総務省（公害等調整委員会、消防庁）
・法務省（公安調査庁）
・外務省
・財務省（国税庁）
・文部科学省（文化庁）
・厚生労働省（中央労働委員会）
・農林水産省（林野庁、水産庁）
・経済産業省（資源エネルギー庁、原子力安全・保安院、特許庁、中小企業庁）
・国土交通省（観光庁、気象庁、運輸安全委員会、海上保安庁）
・環境省
・防衛省

ここでは省庁のネーミングに注目してみましょう。多くは、その省庁が担当する分野や

6　レベルをそろえて考えよう

機能に関する名前がついているようです。国土交通省は国土の建設や交通について、経済産業省は経済と産業について、財務省は財政の実務について担当しています。

しかし「消費者庁」の名前は、「消費者のための省庁」「消費者の視点で政策を担当する省庁」ということなので、「誰のための省庁か」という観点からつけられています。

もしも他の省庁と同じパターンのネーミングにするなら、消費者庁は「消費者保護」という機能（もしくは分野）の担当なので、名称は「消費者保護庁」とする方が適切ですよね。なぜそうなっていないのでしょう？

もし「消費者保護庁」という名前の省庁ができたら、みなさんはなにを考えますか？ ちきりんであれば、「えっ？ じゃあ、他の省庁は消費者保護はやらなくていいの？」と考えたことでしょう。ネーミングのレベルをそろえてしまうと、そんな無用な疑問を呼んでしまう可能性があるのです。

反対に、「誰のための省庁か？」「誰の視点で政策を担当する省庁なのか？」を名称としている「消費者庁」のネーミングパターンで、他の省庁名を考えてみましょう。すると……

・経済産業省↓「経団連省」

・厚生労働省↓「医師会、製薬業界&労働組合省」
・国土交通省↓「建設業界&鉄道会社および航空会社省」
・農水省↓「ＪＡ&農家省」
…

なるほど！　これならネーミングパターンは「消費者庁」とそろいますが、あまりに露骨ですよね。だから既存の省庁は「誰のための省庁か？」「誰の視点で政策を担当する省庁なのか？」という観点からの名前を使わず、機能名や分野名がつけられているのですね!?

などと言っていると、まるで陰謀論になってしまうので、もう少しまじめに考えてみましょう。

明治維新からはじまった欧米先進国に追いつくための殖産興業《しょくさん》政策や、戦後の経済成長最優先の体制下では、国家機関は産業界や企業など供給側と一体化して国づくりに邁進してきました。各省庁は産業界や企業の支援を通じて国力を向上することが使命だったのです。官庁も政府も「日本」という国づくりのため、もしくは日本の国の力を少しでも大きくするために存在していたのです。

図45 省庁のネーミングのずれ

	従来の省庁	新しい省庁
	経済産業省、国土交通省、農林水産省など	消費者庁
誰の視点で政策を考える省庁?	生産者（産業界、企業）	**消費者**
担当分野は?	**経済成長、国土の建設、農林水産業の支援……**	消費者保護、リスク管理……

・グレー部分が省庁のネーミングに使われている部分

だからわざわざ「誰のための省庁か？」「誰の視点で政策判断をするのか？」などということを名前に反映する必要はなく、経済なり国土建設なり労働なり、担当する分野名を組織名としてつけておけばよかったのでしょう。

そこに初めて、国力の向上ではなく「消費者や生活者のための省庁」ができました。そこで「この新省庁は今までと異なり、主体が産業側、業界側ではなく消費者側なんですよ！」と区別（もしくはアピール？）するために、消費者庁という名前になったのではないでしょうか？（図45）

そう考えれば、これは日本の行政のひとつの転換点ともいえ、悪い話ではありません。けれども一歩進めて考えれば、そろそろすべての省庁を、産業界や企業のための省庁ではなく、消費者や生活者のために使命を尽くす省庁に変えていくべきタイミングと考えてもよいのではないでしょうか？

農林水産省の仕事はＪＡや農家の保護（＝主体は産業側）ではなく、食の安全の確保（＝主体が消費者側）であるはずです。国土交通省の使命は、建設業の振興や（＝主体は産業側）、鉄道や空港の建設（＝主体はＪＲやＪＡＬなど企業側）ではなく、海外旅行に便利な空港運営や欠陥マンションの摘発、またバリアフリーの街づくり（＝主体が生活者側）などであると考えてもよいでしょう。

経済成長のため、先進国になるために、「国づくり」や「国力の向上」という視点でつくられた日本の行政組織は、いつしか、

国づくりのために産業を振興する。
⇩
そのために産業政策を考える。
⇩
担当業界とその分野の企業を守る！

図46 おちゃらけ官公庁組織図 ～現在バージョン～

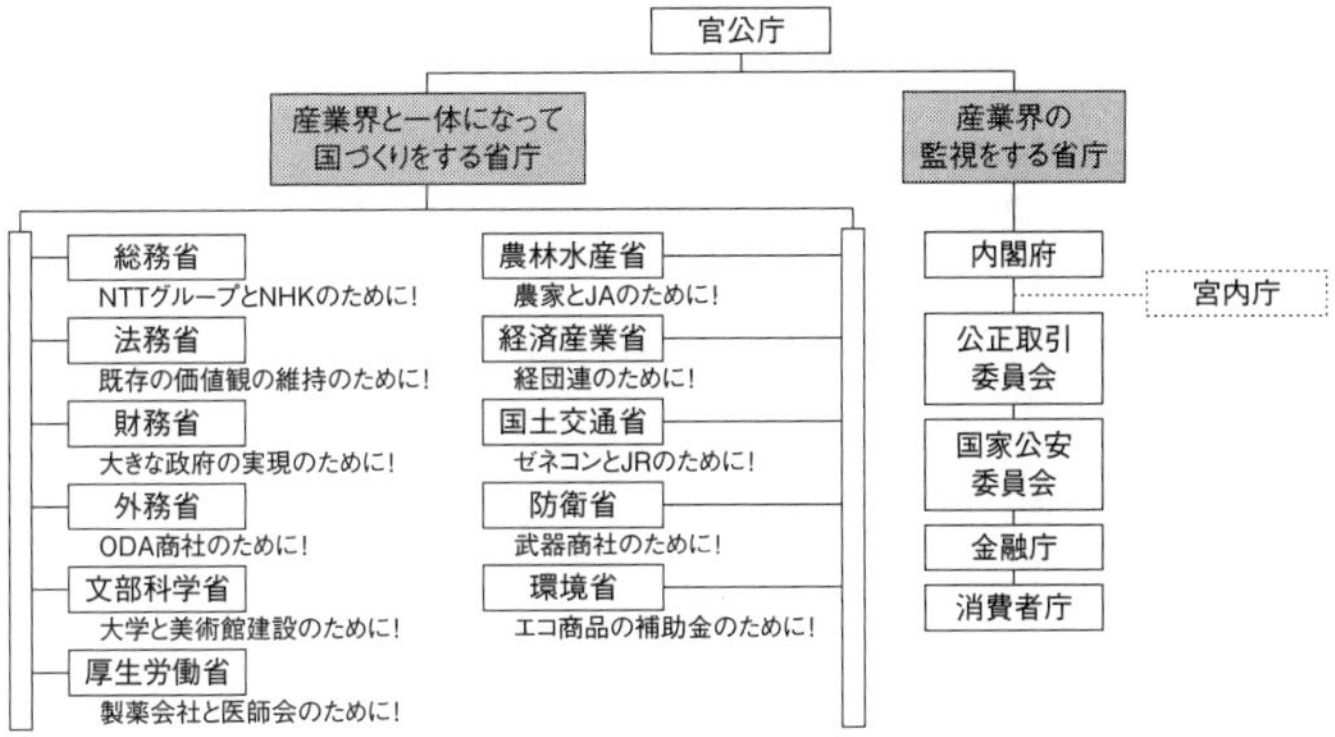
官公庁
産業界と一体になって国づくりをする省庁
産業界の監視をする省庁
総務省
NTTグループとNHKのために!
法務省
既存の価値観の維持のために!
財務省
大きな政府の実現のために!
外務省
ODA商社のために!
文部科学省
大学と美術館建設のために!
厚生労働省
製薬会社と医師会のために!
農林水産省
農家とJAのために!
経済産業省
経団連のために!
国土交通省
ゼネコンとJRのために!
防衛省
武器商社のために!
環境省
エコ商品の補助金のために!
内閣府
宮内庁
公正取引委員会
国家公安委員会
金融庁
消費者庁

図47 おちゃらけ官公庁組織図 ～理想バージョン～

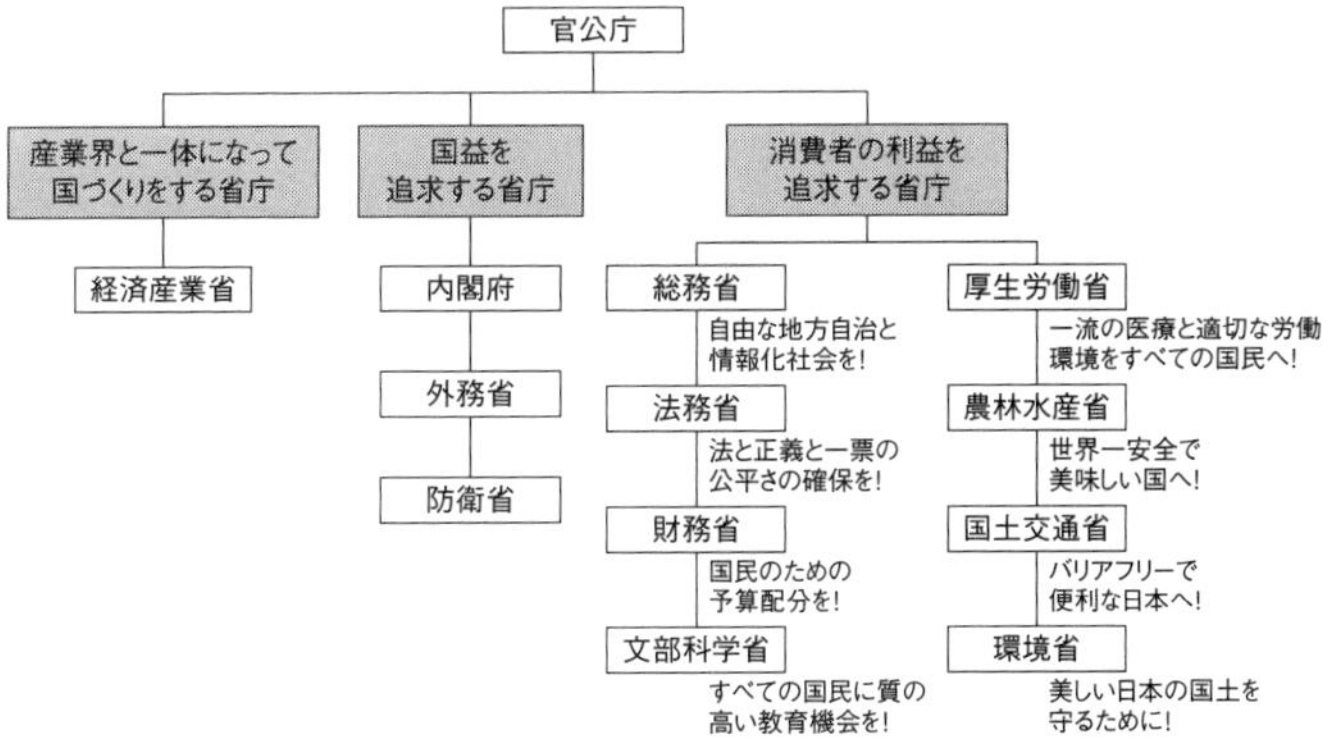
官公庁
産業界と一体になって国づくりをする省庁
国益を追求する省庁
消費者の利益を追求する省庁
経済産業省
内閣府
外務省
防衛省
総務省
自由な地方自治と情報化社会を!
法務省
法と正義と一票の公平さの確保を!
財務省
国民のための予算配分を!
文部科学省
すべての国民に質の高い教育機会を!
厚生労働省
一流の医療と適切な労働環境をすべての国民へ!
農林水産省
世界一安全で美味しい国へ!
国土交通省
バリアフリーで便利な日本へ!
環境省
美しい日本の国土を守るために!

と変節しつつあるように思えます。このあたりでいっそのこと「国づくり・産業政策」という視点から離れ、「国民のための行政」という視点に完全に移行すればよいのです。そうすれば、官公庁の役割や、そしてネーミングも大きく変わってくるでしょう。

ちょっとおちゃらけですが、この考えを図にしてみました。図46は現在の官公庁がどのように見えるか、という図です。

次に、こうであればいいな、と思う形が図47です。

図47には消費者庁はありません。既存省庁が消費者のための省庁に衣替えすれば、「消費者庁」という名前の役所など不要になるかもしれないのです。

レベルをそろえると本音がわかる

ここまで見てきたように、「なんだかレベルがそろっていないな。おかしいな?」と気がついたら、わかりやすくなるよう同じレベルのものをそろえて書き、レベルを整理してみるとよいでしょう。そうするとレベルがそろっていない本当の理由が浮かび上がってきます。

アフリカの人口を個々の国ごとに言えないのは、そうしてしまうと「アフリカでのチャンスが大きい！」と言いにくくなるからです。「非正規での働き方を望んでいる人もいる！」などと言い出すのは、正社員になりたいのに、なれずに放置されている人への対策を考えたくないからでしょう。

同じように、消費者庁などという省庁が必要になるのは、他の省庁が相変わらず消費者のことなど考えず、ひたすらに担当業界の権益確保や規模拡大のために存在しているからともいえるのです。

日本に本当に必要な省庁は……

ところで新しい官庁といえば、もうひとつ観光庁という、これまた産業振興のための新省庁があります、この観光庁、日本ではできたばかりですが、世界に冠たる観光大国のフランスでは重要官庁のひとつです。またアメリカには大きな移民局がありますし、韓国には韓国統一省という役所があります。韓国にとって南北統一は独立した省庁をひとつつくるくらい重要な国家ミッションだからです。おもしろいのは、ロシアやウクライナには非常事態省があるということです。たしかに非常事態が多い国ですよね……。

となると、地震や台風の多い日本には「災害対策庁」、もしくは「地震対策庁」があってもよいのではないでしょうか？

米国は2001年の9・11テロを受けて、翌年に「国土安全保障省」（Department of Homeland Security）を新設しています。使命はテロと自然災害から本土を守ることです。米国にはペンタゴンと称される立派な国防総省（防衛省）があるにもかかわらず新たに本土防衛省をつくるのだから、9・11のインパクトがいかに大きかったかがわかります。

振り返って日本でも、2011年の東日本大震災、ならびに福島での原発事故は、同じくらい大きなインパクトのあった出来事だと思います。省庁が各産業振興のために存在していた時代には、「災害対策庁」なんて決して出てこない発想だったでしょう。けれど、もしも中央官庁が国民の生活を守るために存在するのだと定義し直せば、「災害対策省」や「高齢化社会支援省」があっても決しておかしくはありません。

原発事故のあと、細野豪志氏が原発事故の担当大臣となりました。政治的なリーダーシップのためなら大臣をおけばそれでよいでしょう。しかし、長期的な住民の生活支援のためには行政組織もあわせて必要になるはずなのです。

日本という国は「小さな政府」を望ましいと思う人が多数を占める国ではありません。それにもかかわらず公務員バッシングが長きにわたって続くのは、国民の中に「政府が国民の方を向いていない」という根深い不信感があるからでしょう。

「消費者庁」などという「いかにも」な名前の省庁がつくられたことで、ちきりんは、既存省庁がいかに消費者側に立っていないかということを再認識しました。そろそろ日本も「国を強くする」という呪縛から逃れ、「国民生活を豊かにする。直接的に人々の生活を支援する」という視点から政府機関を再編し、いつか「消費者庁」などというネーミングの省庁が不要になる日がやってくればよいのに、と思います。

第7章

情報ではなく「フィルター」が大事

就活のための企業研究が無意味なワケ

毎年発表される「大学生が就職を希望する人気企業ランキング」、社会人の中にはあれを見ると苦笑してしまう方も多いでしょう。あのランキングは「学生がいかに世の中をわかっていないかを示す証拠資料」のようなものです。しかしそのリストを失笑まじりに眺める社会人の私たちも、自分が就職活動をしていたころにはなにもわかっていませんでした。もちろん学生時代のちきりんも同じです。

超のつく売り手市場であったため、就職活動らしい活動をまったく経験しなかったバブル世代の学生も、企業研究や業界研究に余念のない現在の学生も、「現実の企業社会についてほとんどなにも理解していない」という点においては同じようなレベルです。

学生が企業の先輩を訪問するOB訪問でも、学生が発する質問は、「御社の社風は？」「仕事にやりがいはありますか？」「成長できますか？」など、社会人側から見ればあまりに意味のない質問ばかりです。いったいなぜこんなことが起こるのでしょう？

「企業の情報」より「自分のフィルター」を探そう

仕事を選ぶというプロセスは、多くの選択肢をなんらかの基準によってフィルタリングし、自分がやりたい仕事と興味のない仕事を選り分け、適性のある仕事とない仕事を分離

図48　就活にはフィルターが必要

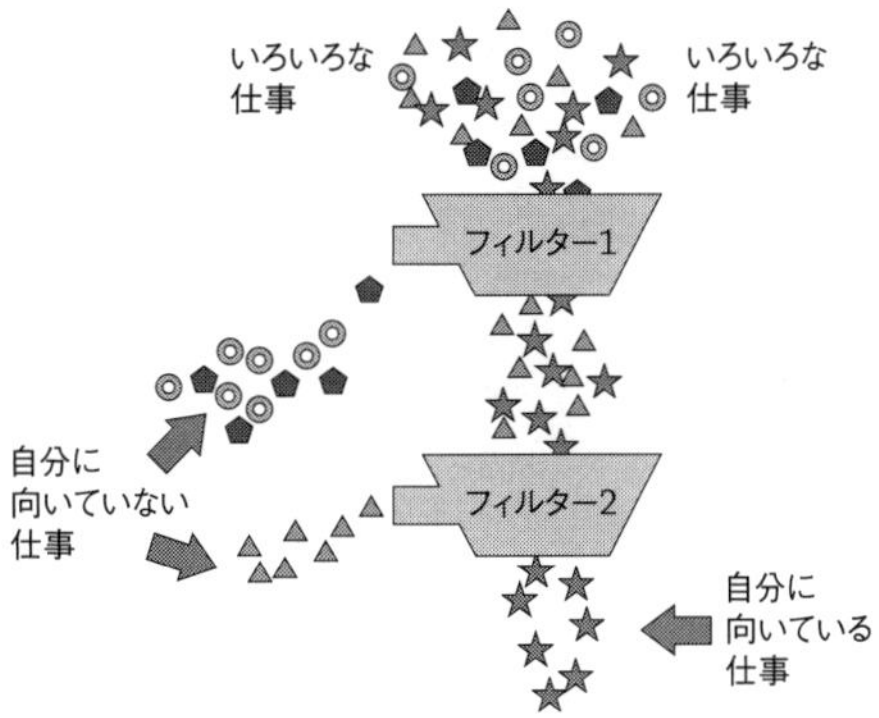

することです。

この選り分け作業を行なうには、ふたつのものが必要です。ひとつが「フィルター」で、もうひとつがそのフィルターに通す個別企業の「情報」です。

今の〝就活〟の最大の問題は、学生が企業に関する情報を集めることばかりに必死になっていて、意味のある「フィルター」を探そうとしていないことです。

インターネット上で情報開示が進んでいる現代では、企業情報を集めるのはむずかしくありません。就職活動の成否は集めた情報量ではなく、「自分独自の、価値あるフィルターを見つけられたかどうか？」にかかっているのです。

ところが学生が使っているフィルターは、「業種」や「企業規模」など一般的で粗すぎるフィルターばかりです。それではいくら企業情報を集めても自分に合った仕事を選り分けることはできません。

たとえば学生の中には、企業分析と称して売上高や利益率など企業の財務指標を熱心に調べている人がいます。けれどそれらの指標で自分の適性に合った会社、働きたい会社をフィルタリングできるでしょうか？

よくよく考えてみてください。志望企業を決めるのに、「就職先の現在の売上高や利益率」に意味がありますか？　なかには、「オレには利益率が30％以上の会社が向いている！」という人もいるのかもしれませんが、一般的には会社の利益率とその仕事への自分の向き不向きはほとんど関係がありません。そんな無関係な情報を集めても仕事選びの役には立たないのです。

さらにクラクラするほど無意味な仕事の選択理由が「社会の役に立つ仕事がしたい！」というものです。いったい「社会の役に立たない仕事」とはどんな仕事なのでしょう？　オレオレ詐欺？　それとも銀行強盗⁇「社会の役に立つかどうか」などというフィルターを使っても、志望業種さえ絞れません。

「成長できる仕事」というフィルターもナンセンスです。「社会人1年目に一生懸命取り組んで、まったく成長できない仕事」なんて存在しません。もし特定の仕事でしか成長できない新社会人がいるとしたら、問題は本人の学ぶ能力の方でしょう。

このように、学生が使っている仕事選びのフィルターは、職業選びにはほとんど役立たないものばかりです。ではいったいどんなフィルターを使えば、意味のある職業選択が可能になるのでしょう？

就職に失敗するとフィルターが見つかる！

じつは、学生にはまったく見えていない「自分に必要なフィルター」も、少し働けば誰でもはっきりと見えるようになります。特に、最初の就職に「失敗した！」と感じた人は、入社後すぐにでもその失敗の原因を理解します。そして、「自分にとって意義のある仕事選びのフィルターはこれだったんだ！」と気がつくのです。

よくある失敗例のひとつは「勉強が好きだから」という理由で研究者への道（博士課程への進学）を選ぶパターンです。ちきりんの知人にも、そう考えていったんは研究者を目指したものの、途中で「やっぱりこの仕事は自分には向いていない」と気がつき進路変更をした人がたくさんいます。

彼らが口々に言うのは、「狭い分野をひたすらに深く掘り下げる仕事より、幅広く世の中の事象を見たり聞いたりする仕事の方が好きだとわかった」ということです。また「自分には、1人で思索を続ける仕事より、大勢で話し合いながら進める仕事の方が合っていた」という人もいます。

彼らの仕事選びのフィルターは次のように変化したのです。

最初に使われたフィルター

- 「勉強が好きか嫌いか」
- 「その分野について強い興味があるかどうか」

⇩

あとから気がついたフィルター

- 「狭く深い仕事か、広く浅い仕事か」
- 「おもに1人で取り組む仕事か、チームで働く仕事か」

最初に彼らが使ったフィルターのひとつ、「勉強が好き！」というのはひとつの適性ですし、研究者とはまさにそういう人に向く仕事でしょう。しかし実際には「深く狭く突き詰めるタイプの勉強」と「広く浅く多くを学ぶ勉強」は大きく異なります。このふたつを分けるフィルターの存在に気がついていないと、自分にはまったく向いていない職業についてしまうことになるのです。

ちなみに、ちきりんにとっては「仕事の成果が見えるまでの期間」というフィルターがとても重要です。

成果が見えるまでの期間によるフィルタリング

- その日のうちに成果がわかる
- 成果は数ヶ月から1年で見える
- 成果が見えるまでに数年が必要
- 成果が見えるまでに十数年が必要

仕事の中には、結果が見えるまでの時間がものすごく短い仕事があります。たとえば金融商品のディーラーであれば、取引結果は数時間後、遅くても毎日、強制的に計算されます。

こういう仕事は、「終わったことは即座に頭から追い出し、一瞬にして気持ちをリセットできる人」に向く仕事です。ちきりんのように常に過去を振り返り、「なぜこうなったの？」と考え込む人には向いていません。そんなことをしている間に、次の勝負がはじまってしまうからです。

マーケティングや営業なら、なんらかの工夫をしてから実際に売上が上がるまでは数週間から数ヶ月でしょう。自動車の開発は数年単位のプロジェクトですし、薬の開発であれば、仕事の成果を見るには十年単位の期間が必要です。

この中でちきりんに合っているのは「数ヶ月くらいで成果の見える仕事」です。私の場合、十年単位でしか成果の見えない仕事は（たとえそれがどんなに大きく世の中を変える仕事であっても）やる気が持続しません。

じつはこれは、文章を書く場合にも同じです。私は文章を書くことは好きですが、5年かけて構想を練り、綿密な取材をして千ページにおよぶ長編小説を書きあげるような仕事はできません。成果が見えるまでの期間が長すぎて、意欲が持続できないのです。

世の中には「文章を書くのが好き！」↓「だから物書きになりたい！」という人も多そ

うですが、（子供のときの夢ならそれでもいいでしょうが）現実的には、そんな大雑把なフィルターで職業適性を判断するのはむずかしいのです。

アルバイトで自分向きのフィルターを見つけよう

働いた経験のない学生が、自分にとって意味のあるフィルターを獲得するのはどこの国でも簡単なことではありません。特に、経済が豊かになればなるほど若者の職業選択はむずかしくなります。それは仕事が「食べていくための手段」だけではなくなるからです。日本でも国全体が貧しかったころには、みんなとりあえず目の前にある仕事をしていました。映画『ＡＬＷＡＹＳ三丁目の夕日』に出てくるように、昭和30年代に集団就職で上京した若者の中には、上野駅に着いてから初めて自分がどんな仕事につくのか知らされるようなケースもあったのです。

そんなやり方が通用していたのは、仕事を選ぶフィルターが「食べていけるかどうか」だけだったからでしょう。食べてさえいければ、職種や企業名にこだわる余裕は誰にもなかったのです。

でも今では、そんなフィルターだけで職業が決まることを受け入れる若者はいないでしょう。現代において職業は、収入を得るためだけの手段ではないからです。

そして「収入以外のものを職業から得るための仕事探し」が簡単でないことは、他の先進国も同じです。そのため欧米先進国では独自の就職慣行が編み出されています。

たとえば米国の大学生は、1年生のときから休暇ごとにインターンやアルバイトを経験します。3ヶ月近い夏休みには複数のインターンを経験する学生も少なくありません。勤務先は大手メーカーや金融機関、コンサルティング会社もあれば、NPOやスタートアップ、国際機関、海外政府などさまざまです。

それは学生をお客様扱いする日本の大企業のインターンとは異なり、未熟ながらも学生を一人前の労働者として扱う制度です。彼らは学生の間に多種多様な〝社会人経験〟を得ているのです。

欧州でも、多くの学生が長期にわたってインターンを経験します。特にドイツでは、8年から10年も学生を続けながら、毎年あちこちでインターンを経験し、30歳くらいで最初の職業を決める人も少なくありません。

「収入以外のものを職業から得たい」と考える先進国の若者にとって、仕事選びは、数時間の会社説明会や数回の先輩訪問などで決められるほど簡単なものではないのです。複数の企業や組織で実際の職業経験を積むことにより、ようやく学生は「自分に向いた職業は、こういった条件でフィルタリングされたものだ」と理解することができるのです。

私は、日本の学生もまずは実際に働いてみるべきだと思っています。働くといっても、週に2回ほどのアルバイトや夏休みだけの仕事でも十分です。それなら今の日本の制度の中でもあれこれ体験できるでしょう。

ちきりん自身も学生時代にさまざまなアルバイトを経験し、それによって「自分の職業選びに有効なフィルター」を見つけました。

最初に飲み屋で接客のアルバイトをした際、「私は客商売が大好きだし、工夫して売上を上げると大きな達成感が得られる！」と理解しました。一方で、日々お店でお客様を待つ仕事は自分には向いていないことにも気がつきました。店舗商売では、自分は毎日同じ空間に何時間も留まっています。どんなお客さんが来てくれるかは先方次第で、自分から動けないフラストレーションを強く感じました。

この経験から、同じ「売る仕事」でも「店舗販売と外回りの営業」では異なる適性が必要だと気がつき、そのふたつを分けるフィルターが自分の職業選びには有効だと理解できたのです。

ただし、それらは私には有効なフィルターでしたが、他の人には意味のないフィルターかもしれません。世の中には、「外回りの営業も店舗販売もどちらも好き」という人もいるでしょうし、店舗にさまざまな工夫を施し、「オレの空間」「私のお店」をつくることにやりがいを感じる人もいるはずです。そういう人なら、ちきりんとは真逆のフィルターが必要です。

ひとつのフィルターは「ある特定個人」にとって有効なのであって、誰にでも使えるわけではないのです。別の言葉で言えば、本来の〝就活〟とは「自分に合った独自のフィルターを見つけるための活動」なのです。

今の日本の〝就活〟の本質的な問題は、学生がフィルター探しではなく、フィルターに入れる企業情報ばかりを必死で追っているという点にあります。まずは企業情報の収集ではなく、「自分のためのフィルターを見つけることが大事なのだ」という認識が広まることが必要でしょう。

ちきりん流「仕事の4分類」

ところで最近ちきりんが大事だと思っているフィルターは、仕事を「企業の成長サイクル」に応じて4つに分けるものです。

4つの異なるタイプの仕事
- 成長の仕事
- 支援の仕事
- 運営の仕事
- 再生の仕事

成長の仕事とは、伸び盛りのベンチャー企業で働くとか、大企業であっても中国やインド市場の担当者となって、年率10％以上で売上や支店数、社員数が伸びているような事業に当事者として携わる仕事です。

支援の仕事とは、弁護士や会計士、コンサルタントや銀行家などとして、経営者や実務者を側面支援する仕事です。

運営の仕事とは、工場や物流センター、テレホンセンターなど、実際のオペレーションを担当する仕事です。

最後に再生の仕事とは、事業の立て直しを担当する経営陣や、そのための事業投資（プライベート・エクィティファンドなど）、買収関連に携わる仕事です。

同じ職種の仕事、たとえば人事や経理、開発や営業であっても、それが成長分野における仕事なのか、支援分野なのか、運営分野か、再生分野かによって、求められるスピードや働き方、また、現場での判断基準はまったく異なります。

一時期、「就社ではなく就職」といわれたときに、「営業に関心があります」「人材育成の仕事を希望します」というように職種で希望を述べることが流行り（？）ましたが、実際には同じ職種でもそれぞれの企業がおかれている成長ステージによって、その内容や仕事の進め方は大きく異なるのです。

成長の現場で働けば、たとえそれが人事であろうと営業であろうと、日々の業務の遂行のスピードは極めて早く、一度決まったこともしょっちゅう変更になります。なににたいしても柔軟な対応が求められるし、予定通り進まないことも多いでしょう。それでも、「売上が急激に伸びていく！」組織で働くことの魅力は他では味わえない醍醐味です。一度でもこういう場所で働けば、自分がそういった仕事に向いているかどうか、すぐに理解できるでしょう。

支援の仕事はプロフェッショナルサービスと呼ばれ、専門分野に関する深い知識が求められます。個人の時間と費用を使っての自己研鑽や勉強も不可欠だし、お金をもらってアドバイスを提供する仕事では、顧客や投資家から常に強いプレッシャーがかかります。

専門家として厳しい意見を言わざるを得ず、憎まれ役になることも多い仕事です。にもかかわらず、自分が支援した仕事が大成功を収めても、その成功の名誉は自分のものではありません。「プロの黒子として、陽の当たる主役を支える」ことが好きでないと務まらないでしょう。

運営の仕事は、巨大で複雑なシステムが万事うまく回るように整える仕事です。工場にしても物流センターにしても、ビジネスのオペレーションはまるで人間の体のシステムのような複雑さをもっていて、なにかひとつでも変調をきたすと、とたんにすべてがうまく回らなくなります。

日々のオペレーションを自ら担当しながら、問題が起こる箇所を見つけて改善し、ときには大幅なプロセス変革をしながらもぎりぎりの生産性を追求し、利益につなげていく。ここは、まさに日本が強い部分です。

再生の仕事も好き嫌いが分かれます。マイナス１００をゼロより少し上にもっていくのが使命となる仕事ですから、働いている大半の時期は「マイナスのもの」と向き合って働くことになります。求められる判断の多くは、撤退、売却、リストラなどの否定的な判断です。時間的にも（文字通り企業の）〝デッドライン〟がかかっていることが多く、休日も働き詰めの人も多いなど、プレッシャーも仕事量も相当に高いレベルです。

このように、成長の仕事、支援の仕事、運営の仕事、再生の仕事はそれぞれ大きく異なり、適性のある人も異なります。最近は「将来は経営者になりたい」と公言する人も増えていますが、この4つの分野のいずれで経営を担当するのかによって、経営者でさえ向き不向きが異なるでしょう。

このような独自のフィルターで仕事を分けることができるようになれば、就職や転職などキャリア形成の際に、自分の適性や志望にあった職業を探しやすくなります。大学生がいきなりこういった切り口を使って就職活動をするのはむずかしいかもしれませんが、こういうフィルターの存在を知るだけでも、世の中の仕事を業種、職種、売上、企業規模などだけで選り分ける単純な世界観からは、一歩離れることができるはずです。

自分のフィルターで勝負しよう！

独自のフィルターをもつことの重要性は、職業選択だけにあてはまる話ではありません。

日本には多くの家電メーカーがありますが、家電市場において消費者は長らく「機能」

と「価格」というフィルターで商品を選んできました。一方のメーカーはそのふたつのフィルターで選ばれるために、次々と商品に新機能を追加しながら価格を下げてきたのです。日本メーカーはこのふたつのフィルターで商品が選ばれる市場において、米国メーカーを駆逐し、一方で中国や韓国のメーカーの追い上げを受けてきました。

ところがそこに「デザイン」というフィルターをもち込んできたのが、デロンギやティファールといった欧州ブランドです。従来からある「機能」というフィルターでは日本製品に及ばず、「価格」というフィルターでも割高と言われていた欧州メーカーの商品が、彼らが新たに提示した「デザイン」というフィルターによって消費者に選ばれはじめたのです。

同じことは株式投資の世界でも起こりました。通常は、ＲＯＥ（Return on Equity：株主資本利益率）や配当性向といったフィルター、すなわち、株主の投下資本にたいしていかに高いリターンを提供できているかという基準によって投資対象が選ばれます。

そこに近年、ＣＳＲ（Corporate Social Responsibility）というあらたな投資基準（フィルター）がもち込まれようとしています。投資収益率が高くても、「そこの商品を製造する中国の工場で子供達が働かされている」という理由で、その企業の株式を購入しない投資家が現われはじめたのです。

こういった例を見ていてちきりんが感じるのは、日本企業は、与えられたフィルターの中で一番に選ばれるための商品を開発することにはとても優れているのに、「今までになかった新たなフィルターを消費者に提示する」ことが必ずしも得意ではない、ということです。

ビジネスの世界では、この「新たな選択基準＝新たなフィルターを提示する」ことを、「ゲームのルールを変える」といいます。従来は価格と機能で競い合うゲームだったのに、明日からはデザインでの競争がはじまる。もしくは、今までは機能の多さで競っていたのに、あるときから機能の少なさ（＝商品のシンプルさ）が競われることもあります。これが「ゲームのルールが変わる」という状態です。

自らルールを変えることなど思いつきもせず、従来のルールの中で必死に勝利を目指すのもひとつの方法でしょう。しかしそれは時に、果てしなき消耗戦につながります。自分達が得意な分野で勝負ができるようにゲームのルールを変える工夫をしてこそ、努力が正当に報われる世界にもち込めるのです。

世間から与えられた「業種」や「企業規模」といった既存のフィルターにそって必死で就職活動をする学生と、「とにかく新機能を増やして価格を下げればいいはず！」と「機能」や「価格」以外のフィルターを探そうともしない企業の姿勢は、ある意味でよく似ています（報われない努力のために疲労困憊《こんぱい》しているという点でも両者は同じ状況にあります）。

重要なことは、与えられたフィルターになんの疑問ももたず、そのまま受け入れて必死に頑張ることではなく、「自分（自社）独自のユニークなフィルターを見いだし、それで勝負していこう！」という発想に転換することです。

自分独自の選択基準を見つけること、それがなにであるかを考えること、それこそが「自分の頭で考える価値のあること」なのです。

第8章

データはトコトン追い詰めよう

自殺の動機トップが「健康問題」ってホント？

考えるときはたいていなにかの情報を見て、それに基づいて考えますよね。しかしこの〝情報〟がくせ者です。よくわからない、わかりにくい情報はまだいいのです。困るのは「あまりにわかりやすく、疑いさえ抱かせないけれど、じつはおかしな情報」です。

自殺に関する統計を例にとりながら考えてみましょう。図49でもわかるように、日本は国際的に見て自殺の多い国です。

ちきりんは自殺統計を「考えるための材料」としてよく使います。理由のひとつは日本では自殺が深刻な社会問題であり、みんなで知恵を出しあって防止策を考える必要があると思っているからです。

もうひとつの理由は、自殺に関してはまだ誰も正解を見つけていないからです。行政担当者や研究者、NPOスタッフなど多くの人がこの問題に取り組み、研究や運動に携わっています。自殺対策基本法という法律もあり、『自殺対策白書』も出ています。それでも今のところ、なにがこれほどまでに自殺を増やしているのか、よくわかっていません。

正解があると、人は「正解のある場所」を探そうとします。図書館で専門書を読んだり、グーグルで検索しようとするでしょう。しかし、正解が未だ存在しない問題については、「答えが書いてある本や資料を探そう！」ではなく、「調べて考えよう！」となります。だ

図49 主要国の自殺率一覧

人口10万人当たりの自殺者数

	全体	統計年
韓国	31.0	2009
ロシア	30.1	2006
日本	25.8	2009
スイス	18.0	2007
フランス	16.3	2007
香港	14.6	2009
スウェーデン	12.7	2008
ノルウェー	11.9	2009
デンマーク	11.9	2006
ドイツ	11.9	2006
カナダ	11.3	2004
チリ	11.1	2007
アメリカ	11.0	2005
シンガポール	10.3	2006
ポルトガル	9.6	2009
ルクセンブルク	9.6	2008
オランダ	9.3	2009
オーストラリア	8.2	2006
アルゼンチン	7.7	2008
スペイン	7.6	2008
イギリス	6.9	2009
イタリア	6.3	2007
ブラジル	4.8	2008
イスラエル	4.3	2007
メキシコ	4.2	2008
ギリシャ	3.5	2009

出所：（日本以外）WHO資料より著者作成
（日本）警察庁「平成21年中における自殺の概要資料」
注①：主要国だけのリストであり、日本の自殺率が世界3位というわけではありません。
注②：資料の不足から中国のデータは掲載していません。

からこの問題は、「考える練習」に向いているのです。

というわけで、この問題に正解はありません。ひとりひとりが考えることで本当の理由に到達できる可能性があります。ぜひ一緒に考えてみてください。

自殺の最大の原因は？

なぜ日本は自殺が多いのかを考えるために、統計を見ていきましょう。ここからのデータはすべて警察庁生活安全局が毎年発表する「自殺の概要資料」を参考にしています。

まず、自殺の原因はなんでしょう？　警察庁のデータでは平成19年より、遺書があるなど理由がわかる場合に、1人の自殺者について最大3つまで理由を数えてデータを集計しています。*

この資料を見ると、自殺の動機については1ページ目のサマリーに次のように記されています。

> 4．原因・動機別状況
> 原因・動機が明らかなもののうち、その原因・動機が、「健康問題」にある

*「平成21年中における自殺の概要資料」
http://www.npa.go.jp/safetylife/seianki/220513_H21jisatsunogaiyou.pdf

ものが15867人で最も多く、次いで「経済・生活問題」（8377人）、「家庭問題」（4117人）、「勤務問題」（2528人）の順となっており、この順位は前年と同じである。

警察庁は1年に1回この資料を発表するのですが、それを受けて新聞やテレビが「昨年の自殺状況」について報道します。その際、ほとんどの場合、このサマリー文章が記事に使われます。

さて、みなさんはこの文章を読んで、自殺の原因についてどう思われるでしょう？　数字を見れば、「健康問題で自殺する人がもっとも多く、二番目の経済・生活問題を理由とする自殺の倍に近い」とわかります。

そう聞けば、「高齢化社会だから病気になる人が増えて、自殺が増えているのではないか？」とか、「最近はうつ病が多いらしいから、そのために自殺する人が増えているのではないか？」と考える人もいるでしょう。

この資料ではより詳しい原因の内訳が掲載されていますので、次にそちらを見てみましょう。ここでは警察庁の資料の補表2－3に掲載されている性別と動機別の数字を図50にまとめてみました。

図50　自殺の原因・動機別、男女別集計（平成21年中）

家庭問題	男性	女性	合計
親子関係の不和	288	215	503
夫婦関係の不和	818	269	1,087
その他家族関係の不和	295	178	473
家族の死亡	298	173	471
家族の将来悲観	403	236	639
家族からのしつけ・叱責	131	49	180
子育ての悩み	24	85	109
被虐待	5	2	7
介護・看病疲れ	176	109	285
その他	250	113	363
家庭問題　合計	2,688	1,429	4,117

健康問題	男性	女性	合計
病気の悩み（身体の病気）	3,581	1,645	5,226
病気の悩み・影響（うつ病）	3,696	3,253	6,949
病気の悩み・影響（統合失調症）	773	621	1,394
病気の悩み・影響（アルコール依存症）	277	59	336
病気の悩み・影響（薬物乱用）	36	27	63
病気の悩み・影響（その他の精神疾患）	658	622	1,280
身体障害の悩み	241	96	337
その他	198	84	282
健康問題　合計	9,460	6,407	15,867

出所：平成21年中における自殺の概要資料
http://www.npa.go.jp/safetylife/seianki/220513_H21jisatsunogaiyou.pdf

経済･生活問題	男性	女性	合計
倒産	91	7	98
事業不振	1,204	50	1,254
失業	1,009	62	1,071
就職失敗	316	38	354
生活苦	1,517	214	1,731
負債(多重債務)	1,496	134	1,630
負債(連帯保証債務)	64	8	72
負債(その他)	1,416	143	1,559
借金の取り立て苦	114	6	120
自殺による保険金支給	121	15	136
その他	286	66	352
経済･生活問題　合計	7,634	743	8,377

勤務問題	男性	女性	合計
仕事の失敗	420	36	456
職場の人間関係	450	97	547
職場環境の変化	311	23	334
仕事疲れ	646	54	700
その他	443	48	491
勤務問題　合計	2,270	258	2,528

男女問題	男性	女性	合計
結婚をめぐる悩み	60	42	102
失恋	267	126	393

不倫の悩み	118	76	194
その他交際をめぐる悩み	201	141	342
その他	66	24	90
男女問題　合計	712	409	1,121

学校問題	男性	女性	合計
入試に関する悩み	16	10	26
その他進路に関する悩み	90	29	119
学業不振	109	12	121
教師との人間関係	4	1	5
いじめ	4	6	10
その他学友との不和	17	16	33
その他	30	20	50
学校問題　合計	270	94	364

その他	男性	女性	合計
犯罪発覚等	151	17	168
犯罪被害	4	3	7
後追い	65	53	118
孤独感	428	225	653
近隣関係	33	18	51
その他	450	166	616
その他　合計	1,131	482	1,613

自殺者32,845人のうち、理由がわかっている24,434人について、1人3つ以内の原因を集計

この表の区分に沿って、自殺の理由・動機別の自殺数をグラフにすると**図51**のようになります。

これは最初に出てきたサマリー文章通りのグラフですね。自殺原因で一番多いのは健康問題、次が経済・生活問題で、こちらは健康問題の半分くらい……となっています。

ところが同じデータを男女別のグラフにしてみると、まったく違う風景が浮かび上がってきます。**図52**を見てみましょう。黒の棒が男性、白の棒が女性で、グレーの棒が男女の合計です。男女合計の数字は、図51のグラフと同じです。

どうでしょう？　「あれ？」と思える点がいくつかでてきますよね。まずは「全体に男性の方がかなり多いよね？」ということに気がつきます。そしてもうひとつが、男女の自殺理由の違いです。

たしかに健康問題は男女の合計では、自殺原因として最多です。しかし女性に関しては圧倒的に健康問題が多く、経済・生活問題で自殺する女性はほとんどいないのに、男性の場合は、健康問題と経済・生活問題は拮抗する第一と第二の自殺理由なのです。

また図52のグラフから、勤務問題を理由に自殺するのも大半が男性とわかります。そして、経済・生活問題と勤務問題を合計すれば、じつは男性の第一の自殺理由は（健康問題

図51　自殺の動機集計（平成21年）

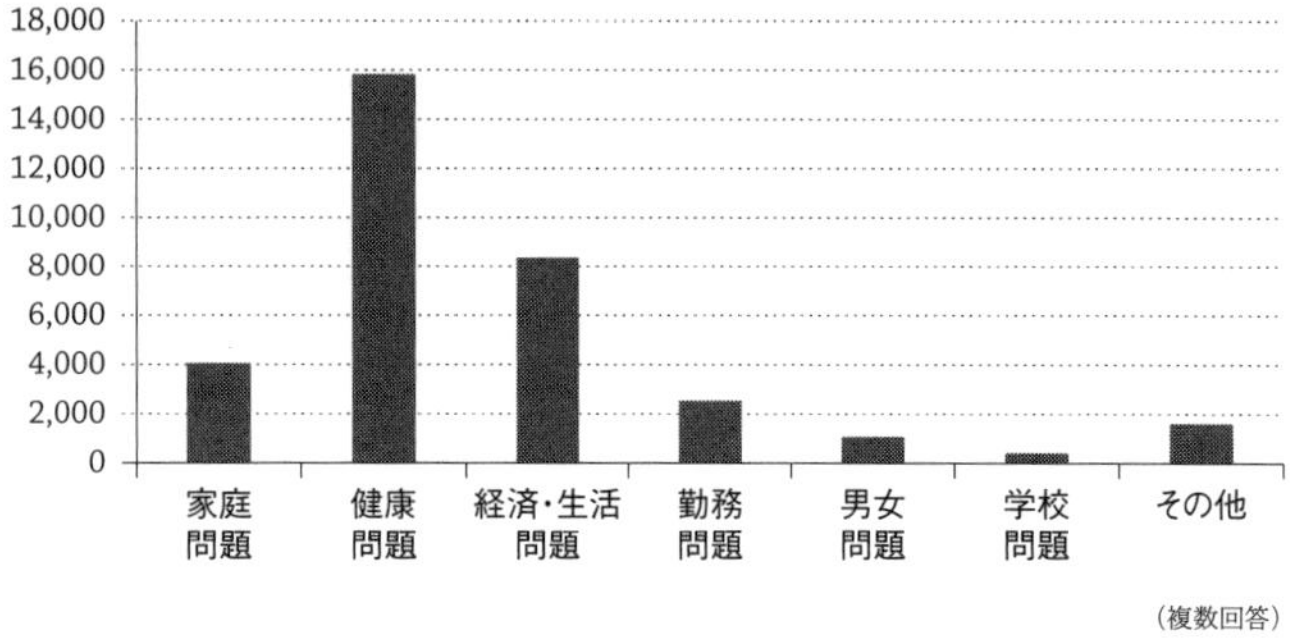

図52　自殺の動機・男女別集計（平成21年）

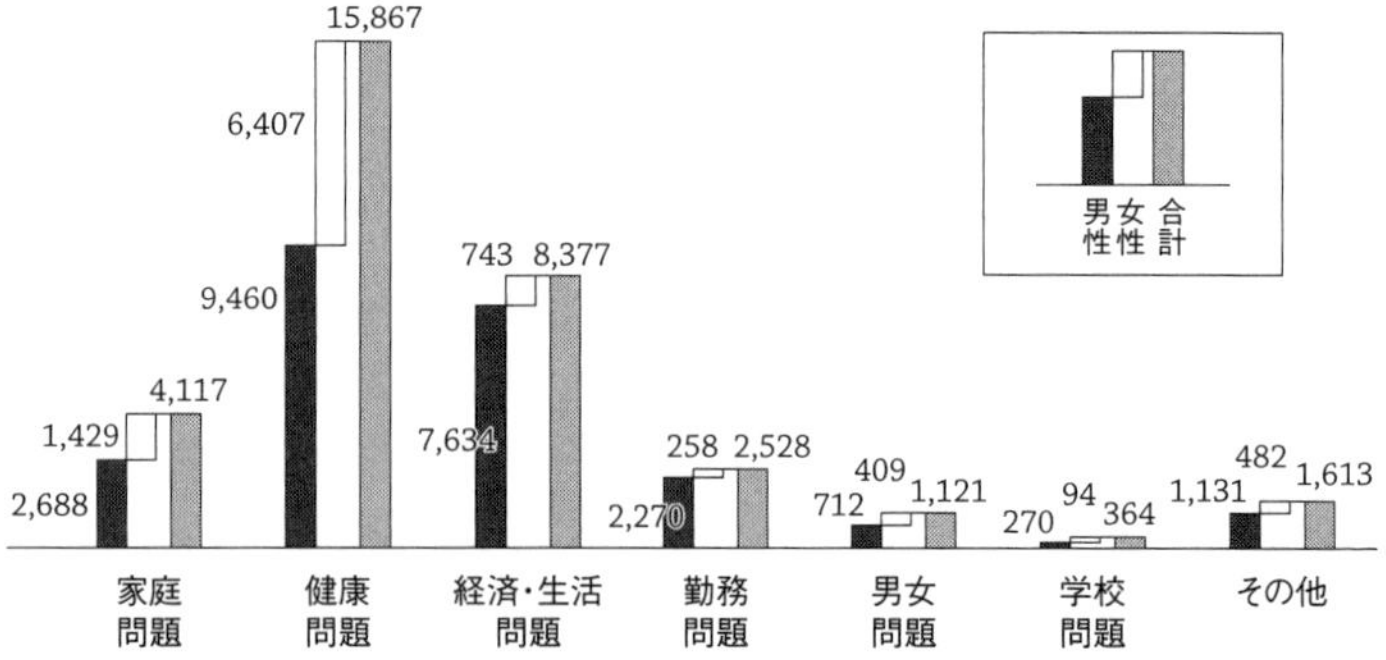

ではなく）「お金や仕事のこと」だということになります。一方で、お金や仕事を理由に自殺する女性はほとんどいないのです。

警察庁の資料のサマリーでは、自殺の理由のトップは常に「健康問題」であると書かれており、マスコミもそう報道します。ごていねいに動機別の自殺数まで発表され、健康問題で自殺する人は経済・生活問題で自殺する人の倍近いのだ、というニュースを私たちは毎年、耳にしています。

しかし、この男女の内訳データを見ても、そういった報道が妥当だとみなさんは思われますか？

「自殺が増えている」は正確な表現なの？

もうひとつの特徴も確認しておきましょう。先ほどのグラフ（図52）を見ると、「どうも男性の方が、自殺者が相当多いのではないか？」と思えました。本当のところはどうなのでしょう？

長期の自殺率を男女別に見てみましょう。昔は男性と女性の自殺率は同じだったのか、

図53　男女別の自殺率の推移

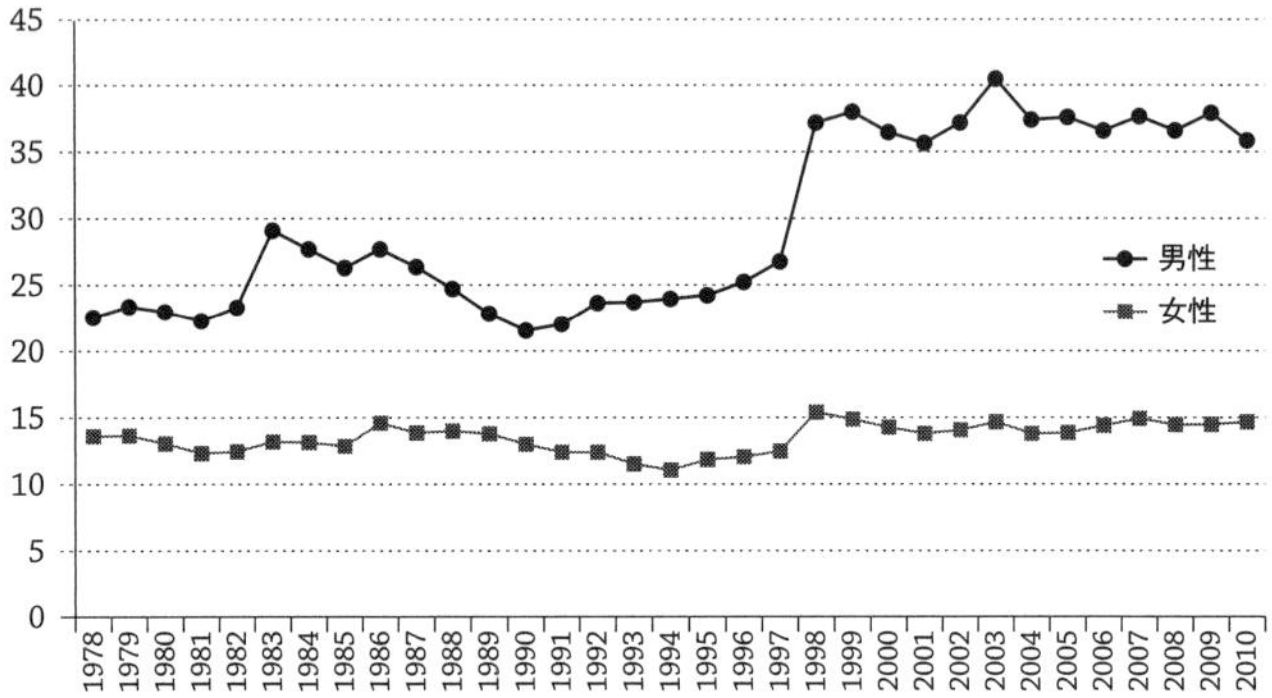

(注)自殺率とは、人口10万人当たりの自殺者数

それとも昔から男性の自殺率は女性より高かったのでしょうか？　図53は1978年からの男女別の自殺率のデータです。

再度、驚きのグラフが出てきましたね。男性の自殺率は、女性の自殺率より一貫して高く、今では倍以上の開きがあるのです。

しかも1998年から男性の自殺率だけが突然上昇し、その後はずっと高止まりしています。これを見ると1998年あたりに「男性の自殺を急増させるなにか」が日本で起こったと考えるのはごく自然な発想だと思います。

ちなみに日本の自殺者数が年間3万人台に乗ったのもこの1998年なのですが、これも「男性の自殺率が急に高くなったから」です。一方の女性の自殺は、過去数十年単位で見ても大きくは増えていません。

このことに関しても、一般的な報道では「1990年代後半に自殺が急増して3万人の大台に乗ってから、そのまま高止まりしている」という内容が多いのですが、正確に言えば増えたのは「男性の自殺」なのです。

なぜ1998年に男性の自殺が急増したのでしょう？　残念ながら同じ方式で自殺動機の調査がはじまったのが2007年からなのではっきりした理由はわかりません。

よく言われているのは経済危機との関係です。1997年に三洋証券、北海道拓殖銀行、山一證券が破綻（もしくは廃業）、1998年にも日本長期信用銀行が国有化されるなど、1997〜1998年は金融業界が大混乱した年でした。

破綻した銀行から融資を受けていた企業はもちろん、他の銀行もいっせいに中小・零細企業からの融資を引き上げはじめたため、多くの企業に破綻が連鎖しました。さらにリストラに踏み切る企業も続出し、失業者を増やしました。ただ、これもまだ因果関係が証明されているわけではありません（少なくとも倒産件数や失業率と自殺率の明確な相関は見つけられていないようです）。

世界の男女別自殺率からわかること

さて、もうひとつ確認してみましょう。男性の自殺率が高いのは日本だけなのでしょうか？　図54にあるように、じつは各国の自殺率を男女別に見ると、どの国でも男性の自殺の方が多いことがわかります。また自殺率の男女格差だけでみれば、日本より性差が大きい国も存在します。

他国の自殺理由に関するデータは簡単には見つからないので、理由など詳細はわかりません。ただ、この自殺率の国際比較を見ていると、どうも地域差があるように思えませんか？

そこで、図55ではこのリストに地域名を入れてみました。

まずは、日本、韓国、香港の自殺率が上位にあることがわかります。もしかすると東アジアの国に、自殺に関する共通点があるのでしょうか？（注：中国は近年の自殺統計を公表していないため、表に含まれていません。）

また、ロシア、北欧など緯度の高い地域にある国の自殺も多いとわかります（この表では省略されていますが、元ソビエト連邦の周辺国であったバルト三国などもかなり自殺率が高いです）。

図54 主要国の自殺率一覧（男女別）

人口10万人当たりの自殺者数

	男性	女性	全体
韓国	39.9	22.1	31.0
ロシア	53.9	9.5	30.1
日本	37.8	14.3	25.8
スイス	24.8	11.4	18.0
フランス	24.7	8.5	16.3
香港	19.0	10.7	14.6
スウェーデン	18.7	6.8	12.7
ノルウェー	17.3	6.5	11.9
デンマーク	17.5	6.4	11.9
ドイツ	17.9	6.0	11.9
カナダ	17.3	5.4	11.3
チリ	18.2	4.2	11.1
アメリカ	17.7	4.5	11.0
シンガポール	12.9	7.7	10.3
ポルトガル	15.6	4.0	9.6
ルクセンブルク	16.1	3.2	9.6
オランダ	13.1	5.5	9.3
オーストラリア	12.8	3.6	8.2
アルゼンチン	12.6	3.0	7.7
スペイン	11.9	3.4	7.6
イギリス	10.9	3.0	6.9
イタリア	10.0	2.8	6.3
ブラジル	7.7	2.0	4.8
イスラエル	7.0	1.5	4.3
メキシコ	7.0	1.5	4.2
ギリシャ	6.0	1.0	3.5

出所：（日本以外）WHO資料より著者作成
（日本）警察庁「平成21年中における自殺の概要資料」
注①：主要国だけのリストであり、日本の自殺率が世界3位というわけではありません。
注②：資料の不足から中国のデータは掲載していません。

図55 主要国の自殺率一覧（男女別と地域分類）

人口10万人あたりの自殺数

	男性	女性	全体	地域
★韓国	39.9	22.1	31.0	**アジア**
ロシア	53.9	9.5	30.1	**ロシア・北欧**
★日本	37.8	14.3	25.8	**アジア**
スイス	24.8	11.4	18.0	**欧州**
フランス	24.7	8.5	16.3	**欧州**
★香港	19.0	10.7	14.6	**アジア**
スウェーデン	18.7	6.8	12.7	**ロシア・北欧**
ノルウェー	17.3	6.5	11.9	**ロシア・北欧**
デンマーク	17.5	6.4	11.9	**ロシア・北欧**
ドイツ	17.9	6.0	11.9	**欧州**
カナダ	17.3	5.4	11.3	**北米**
☆チリ	18.2	4.2	11.1	**中南米**
アメリカ	17.7	4.5	11.0	**北米**
★シンガポール	12.9	7.7	10.3	**アジア**
ポルトガル	15.6	4.0	9.6	**欧州**
ルクセンブルク	16.1	3.2	9.6	**欧州**
オランダ	13.1	5.5	9.3	**欧州**
オーストラリア	12.8	3.6	8.2	**オセアニア**
☆アルゼンチン	12.6	3.0	7.7	**中南米**
スペイン	11.9	3.4	7.6	**欧州**
イギリス	10.9	3.0	6.9	**欧州**
イタリア	10.0	2.8	6.3	**欧州**
☆ブラジル	7.7	2.0	4.8	**中南米**
イスラエル	7.0	1.5	4.3	**中東**
☆メキシコ	7.0	1.5	4.2	**中南米**
ギリシャ	6.0	1.0	3.5	**欧州**

出所：（日本以外）WHO資料より著者作成
（日本）警察庁「平成21年中における自殺の概要資料」
注①：主要国だけのリストであり、日本の自殺率が世界3位というわけではありません。
注②：資料の不足から中国のデータは掲載していません。

★アジア　☆中南米

一方で中南米の国は軒並《のき》み、自殺率が低いように見えます。欧州のなかでもイタリアやスペインなどラテン系といわれる国は中南米同様、自殺率が低いですよね。

即断はできませんが、このように文化や社会慣行、民族性なども自殺率に影響を与えているのではないかという仮説が出てくるデータとなっています。

自殺率のデータはどの国においても信憑性の確保がむずかしい統計です。宗教上の理由や、ご近所の目を怖れて、自殺を隠そうとする割合が高い国や地域もあります。また、警察や病院が自殺をどう報告するかによっても統計数字は大きく左右されます。

それでも私たちはここまでさまざまなデータを見ることによって、自殺について多くのことを知りました。たとえば、

- 世界中で男性の自殺は女性より多い。
- 日本でも男性の自殺は女性の倍以上も多い。
- 日本では男性の自殺が1998年から急増し、高止まっている。
- 男女合計であれば、日本では自殺原因として一番多いのは健康問題である。
- しかし、男性に限ってみると、「経済的な理由、仕事の理由」での自殺が

多く、しかも、この理由で自殺する人の9割近くが男性である。
・日本の自殺率も高いが、香港、韓国など東アジアの国は総じて自殺率が高く、ラテン文化の国では総じて自殺率が低い。

などです。

「要約」だけをみる危険

さてここで、最初に見た警察庁の「自殺の概要資料」のサマリー文章に戻りましょう。今度は全文を載せておきます。

【平成21年中における自殺の概要】

1　総数
平成21年中における自殺者の総数は32845人で、前年に比べ596人（1・8%）増加した。

性別では、男性が23472人で全体の71・5％を占めた。

2　年齢別状況

「50歳代」が6491人で全体の19・8％を占め、次いで「60歳代」（5958人、18・1％）、「40歳代」（5261人、16・0％）、「30歳代」（4794人、14・6％）の順となっており、この順位は前年と同じである。

3　職業別状況

「無職者」が18722人で全体の57・0％を占めて最も多く、次いで「被雇用者・勤め人」（9159人、27・9％）、「自営業・家族従事者」（3202人、9・7％）、「学生・生徒等」（945人、2・9％）の順となっており、この順位は前年と同じである。

4　原因・動機別状況

原因・動機が明らかなもののうち、その原因・動機が、「健康問題」にあるものが15867人で最も多く、次いで「経済・生活問題」（8377人）、

「家庭問題」（4117人）、「勤務問題」（2528人）の順となっており、この順位は前年と同じである。

（注）平成19年に自殺統計原票を改正し、遺書等の自殺を裏付ける資料により明らかに推定できる原因・動機を3つまで計上することとしたため、原因・動機特定者の原因・動機別の和と原因・動機特定者数（24434人）とは一致しない。

このサマリー文章から浮かび上がる日本の自殺の実態はどのようなものでしょうか？順番に見てみると、「男性が多くて、高齢者が多くて、無職の人が多くて、自殺の理由は健康問題が多い」となり、定年後、「高齢で病気になった男性が自殺している」というイメージが浮かびますよね。でもそれは、ここまで見てきた詳細データから考えうる結論と同じでしょうか？

警察がこのサマリーを発表すると、マスコミはこの文章をベースに、さらに文章量を短縮した記事をつくります。マスコミによる「警察庁の発表によると……自殺の原因で一番多いのは健康問題……」という記事を見るたびに、ちきりんは「自分の頭で考えることの必要性」を再認識させられるのです。

一見それらしいデータを鵜呑《うの》みにしていると本質的なことがまったく見えてきません。この意味で「もっともらしいデータ」は「疑わしいデータ」より危険であるともいえます。たとえ権威ある報道機関からの情報でも「本当なのか？」と疑う気持ちと、実際にそのデータを追い求めて深掘りしてみることが、自分の頭で考えるときには必須であるということでしょう。

2010年の自殺率はなぜ減少したの？

最後にひとつ宿題を出しておきましょう。ここまで警察庁の「自殺の概要資料」をもとにして説明してきましたが、じつはここでは意図的に1年古いデータを使っています。本書の執筆時点ですでに2010年（平成22年）の男女別自殺原因も公表されています。

そして2010年には自殺者数が前年より3・5％ほど減少しているのです。人口比で見た自殺率も低下しています。ここまで男性の経済的理由による自殺が多いという話を書いてきましたが、経済的な理由で自殺した男性は2010年には900人近く減少し、これを主要因として自殺者数全体も減少したのです。大変よいニュースですね。では、この理由はなんなのでしょう？　2010年に経済状態がそんなに好転したのでしょうか？

この本をここまで読んでこられた方なら、「自分の頭で考えることが大好き！」という方ばかりのはずです。警察庁のデータはウエブサイトで誰でも見られます。この点については、ぜひみなさんも「自分の頭で考えて」みてください。


ちなみに、毎年発表されている内閣府の『自殺対策白書』には、自殺に関して詳細な分析がまとめられています。けれど、「考える訓練」をするためには、この白書を最初には読まないことをお勧めします。これを最初に読むと、先ほどの警察庁の資料のサマリーを最初に読むのと同様、「なるほど、そうなのか」と思えてしまうからです。

基本的なデータは警察庁の資料に載っています。自分の頭で考えることにチャレンジするためには、「内閣府という〝権威〟がどう考えたか」を先に知ってしまわない方がいいのです。

まずは考え、あとから「知識として、他の人や専門家が考えたことを調べる」という方法の方が、考えるための訓練としては適しています。自分で考えたあとでそれらを読めば、「誰かが考えたこと」と「自分の思考」が意識的に対比できるからです。

また、専門家の分析と自分の考えたことが異なっていても「自分の考えは間違っていた。

考えるのは無駄だった」などと思う必要はありません。ひとつの事実から複数の人が複数のことを考えることこそ、重要なのです。誰が考えても同じ考えしか出てこないなら、もっとも優秀な人が1人だけ考えればいいということになってしまいます。

そうではなく、各自がそれぞれに考え、出てきた自分の考えをみんなで共有し、「なぜ自分は（そして他の人は）そう考えたのか?」という思考の結果と、それに至る思考の道筋を共有することに意義があるのです。

そのプロセスを通して、自分とは異なる思考方法を学ぶことで、ひとりひとりが考える力を伸ばすことが可能になるのです。

第9章

グラフの使い方が「思考の生産性」を左右する

階段グラフで電気料金の大幅削減に成功！

出生数や自殺率、生活保護制度などについて考えるため、ここまで本書でも各種のデータをグラフ化してきました。じつは、さまざまな情報をどんな形のグラフにするかということが、「思考の生産性」に大きな影響を与えます。

もともとの情報に価値があっても、それを拙《つたな》いグラフに加工してしまうと思考は深まりません。それどころか間違った結論に導かれてしまうこともあります。ここでは、「効率よく考えるためのグラフ化の手法」について見ていきます。

円グラフと棒グラフの使い分け

図56は、インターネットの利用時間についてアンケートをとり、その結果をグラフ化したものです（注：数字は例であり、実際にアンケートをとったわけではありません）。

円グラフはシンプルでわかりやすく、ひとつの数字の内訳を表わすには最適です。けれどなんでもかんでも円グラフにすればいいというものでもありません。

今度は図57を見てください。先ほどと同じアンケートを、4年前、2年前、今年の3回実施したと仮定して、それぞれの結果を並べたものです。

図 56 インターネットの利用時間アンケート結果

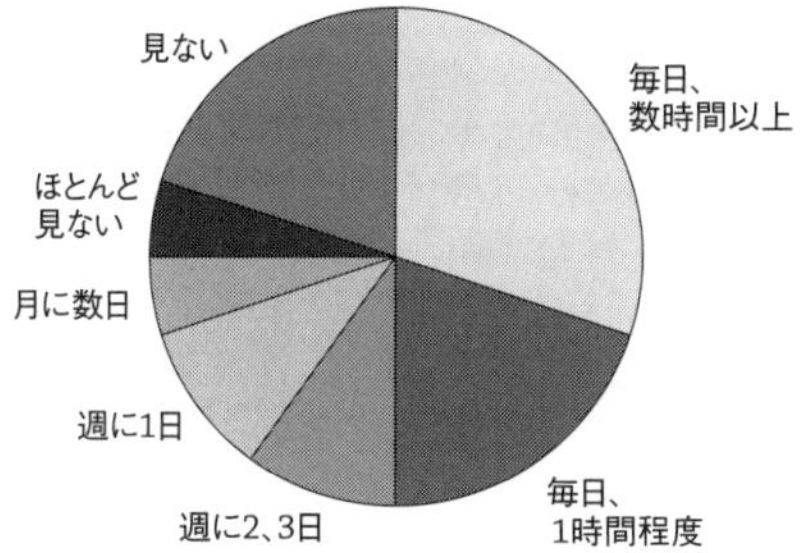

図 57 インターネットの利用時間アンケート結果の推移（円グラフ）

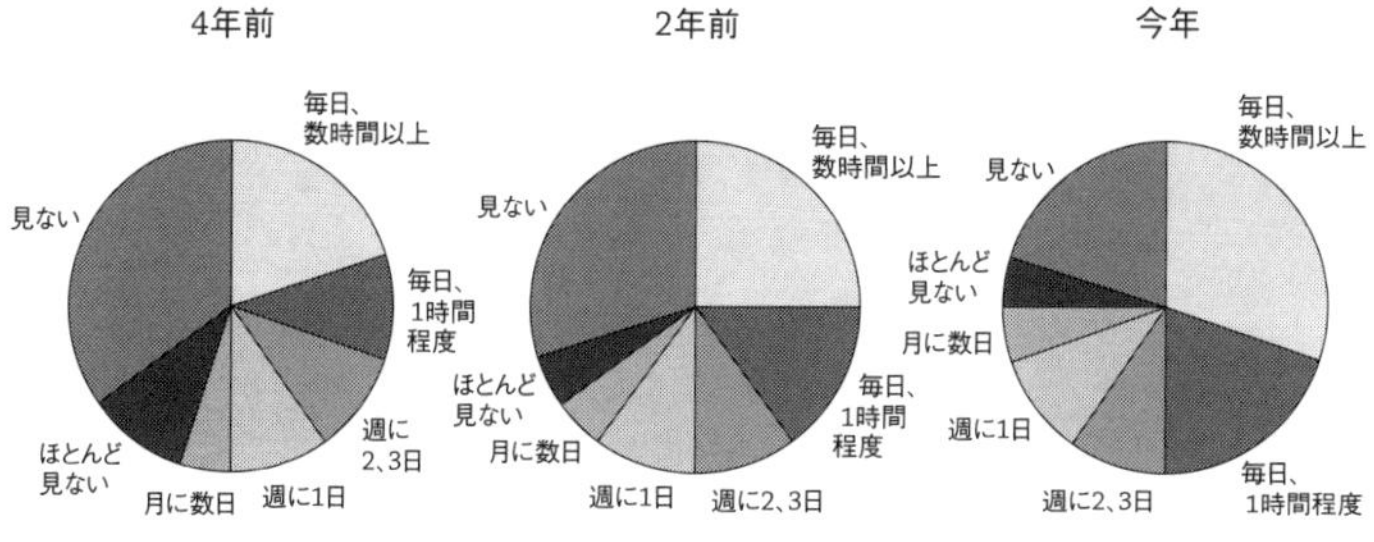

図58　インターネットの利用時間アンケート結果の推移（棒グラフ）

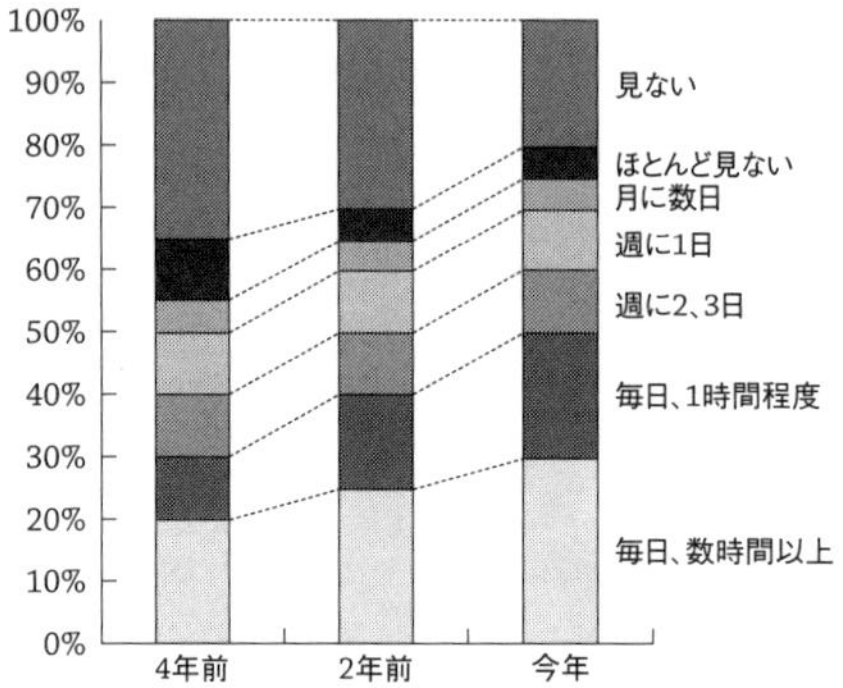

3つ並んだ円グラフを必死で見つめても、どういう人がどの程度増えたのか、なかなか理解できませんよね。こんなグラフを手にしてウンウン考えても、意味のある洞察を搾り出すのはむずかしいでしょう。円グラフはふたつ以上の数字の内訳を比較するのには適していないのです。

では同じデータを**図58**のような棒グラフにしてみたらどうでしょう？

円グラフを3つ並べるよりよほどわかりやすいですよね。これならインターネットの浸透度について、すぐになにかしら意見を言うことができます。このようにまったく同じ数字でも、グラフ化の方法によって、それを見て考えるときの「思考の生産性」

図59　インターネットの利用時間アンケート結果（階段グラフ）

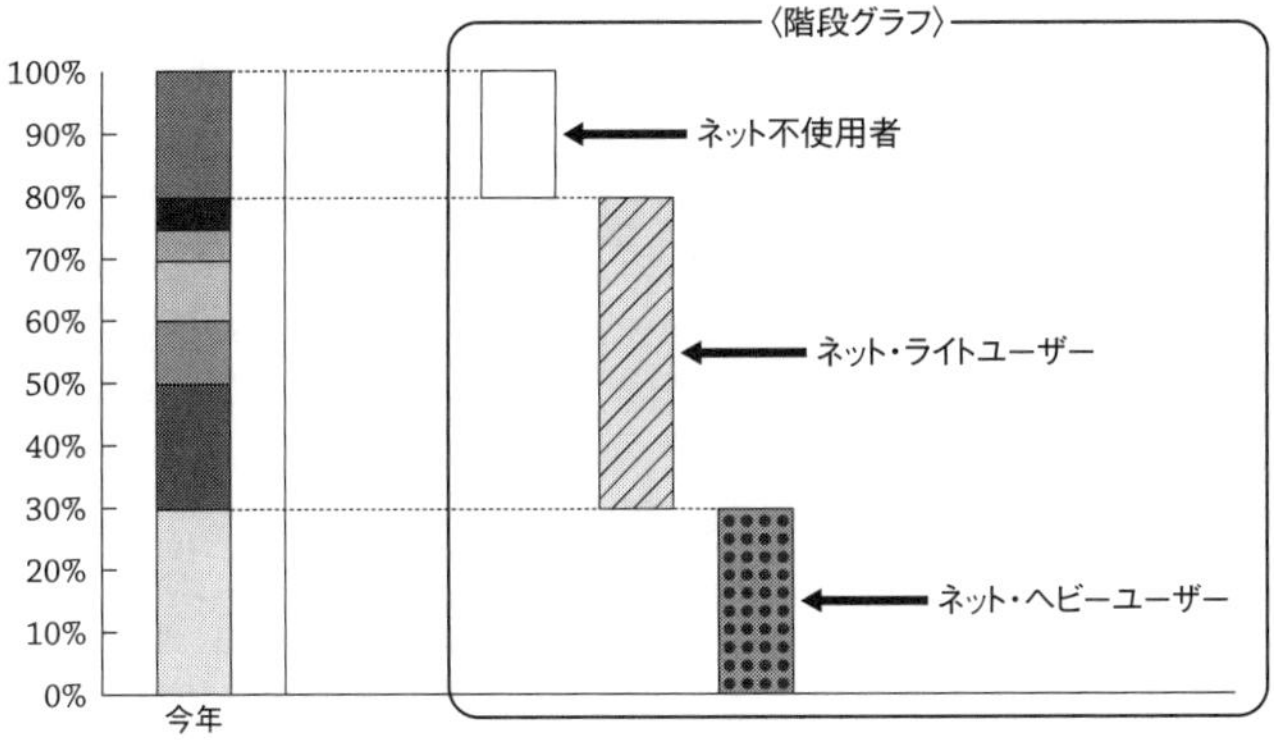

が大きく変わってくるのです。

思考の生産性をグッと高める階段グラフ

先ほどと同じ数字を使って、もうひとつ別のグラフをつくってみましょう。図59の左側の棒グラフと、右側に書いた「階段グラフ」を比べてみてください。

階段グラフとは、棒グラフの各要素を横にずらして表示するグラフで、階段のように一段ずつ降りてきたり、反対に上がっていったりします。落ちる様子が滝と似ていることから「滝グラフ」と呼ばれることもあります。

図60 とある家庭の家計簿

給与		50万円
家賃	12万円	
光熱費	2万円	
通信費	2万円	
食費	4万円	
雑費	2万円	
保育園、幼稚園費用	4万円	
子供関連費用	2万円	
夫こづかい	3万円	
妻こづかい	1万円	
冠婚葬祭、交際費	3万円	
医療費	2万円	
保険料	2万円	
ガソリン代	1万円	
駐車場代	1万円	
車ローン	3万円	
貯蓄	6万円	
支出と貯蓄の合計		50万円

すべての内訳を表示する棒グラフと異なり、階段グラフでは、内訳を「ネット不使用者」「ライトユーザー」「ヘビーユーザー」の3グループに大括りにしたうえでグラフ化しています。細かい情報をそのまま表示するのではなく、中分類や小計を視覚化するのです。

階段グラフのメリットは、このように「意味をもった内訳を視覚化できる」ことです。それにより円グラフや棒グラフよりも「考えやすいように」情報を整理することができます。

よりわかりやすい例として図60の

家計簿で見てみましょう。ざっと見たところ、かなり余裕のある家庭のようですね！

この家計簿を棒グラフと階段グラフで視覚化したのが図61です。

小計を示す階段グラフが添えられていると、棒グラフだけの場合よりわかりやすいですよね。実際に家計簿をつける際にも、「住居関連費」「子供関連費」など自分で小計をたてる人は多いと思います。階段グラフではそういった「自分の数字の見方」をそのまま視覚化できるのです。

さらに、異なる小計の括りを視覚化することにより、一歩進んだ家計診断に役立てることもできます。図62では、先ほどの家計簿データの中から貯蓄を除く合計44万円の支出を、3種類の異なる集計区分で小括りにしています。

- 小計A：「基本生活費」と、「趣味費やこづかい」に分解
- 小計B：「固定費」と「変動費」に分解
- 小計C：「妻が管理する費用」と、「夫が管理している費用」に分解

図61　家計簿のグラフ

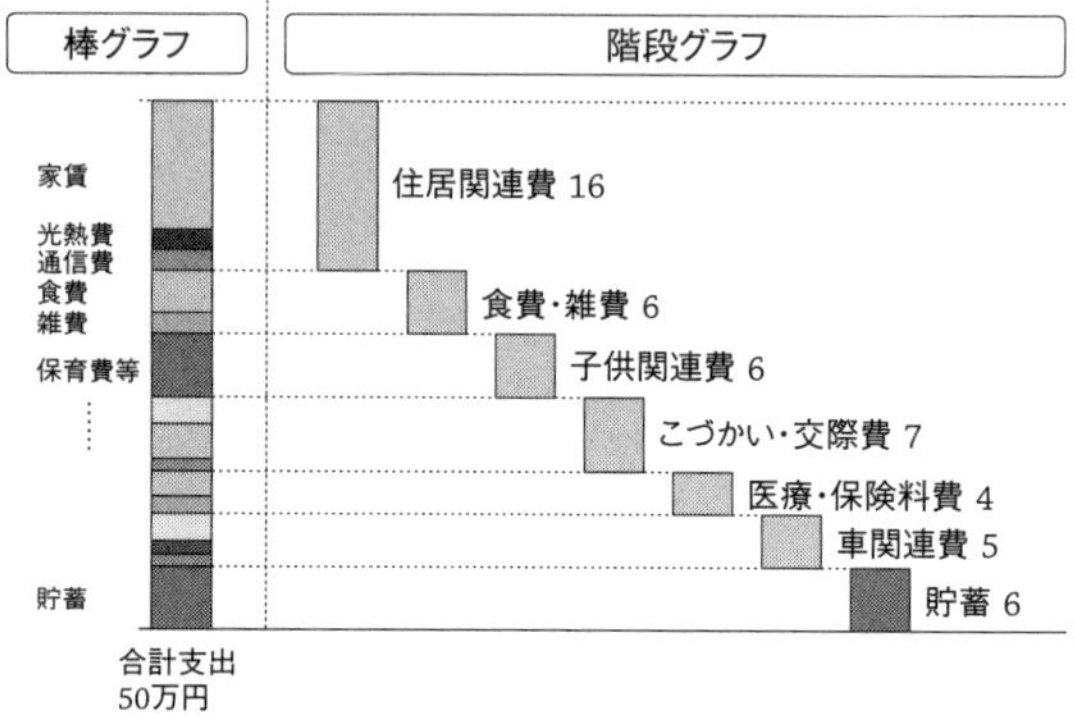

図62　家計簿のグラフ　～3種類の内訳つき～

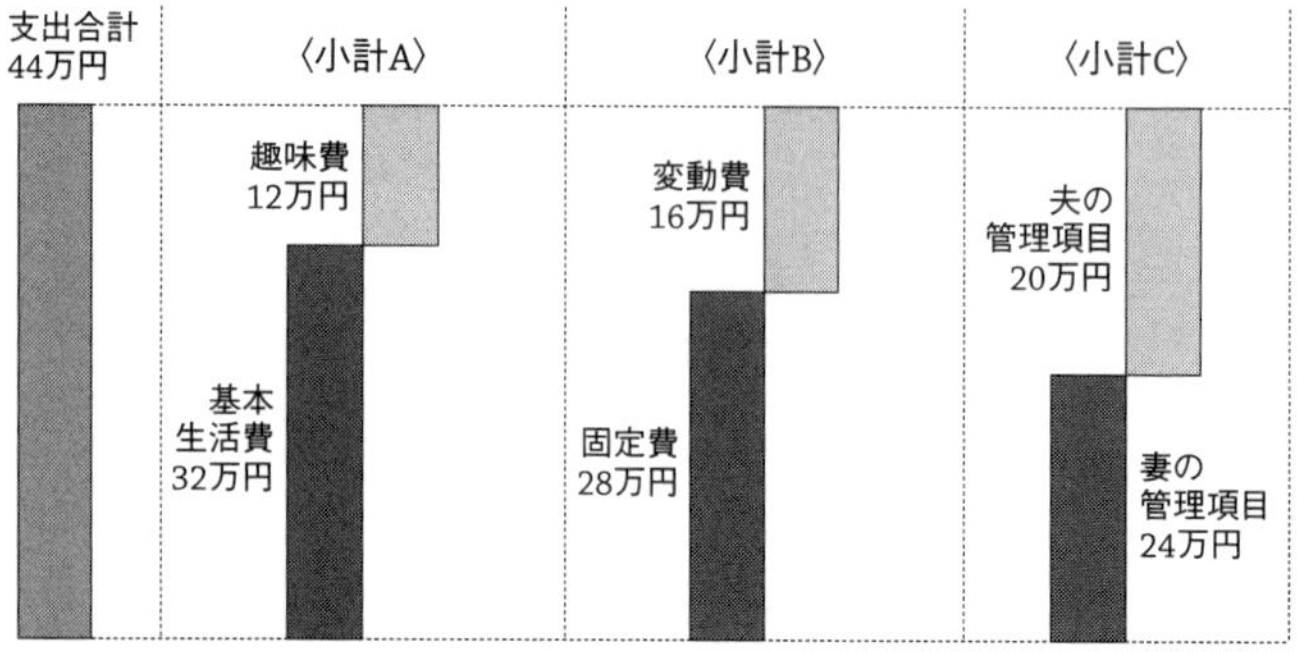

このような切り口で毎年の家計変化を比較していけば、「昨年に比べて固定費が急増した！」とか、「子供が生まれてから妻の管理額が急激に高まっている!!」といったことも視覚化できるでしょう。階段グラフは数字の表のままの家計簿や、単純な円グラフ、棒グラフよりも「思考を助けてくれるグラフ」だとわかっていただけると思います。

階段グラフで2万円の節約に成功！

ちきりんは階段グラフを自分の生活管理にもよく使います。そのひとつが、「おトクなナイト8」という電気料金プランへの切り替えでした。これは、昼間は電気代が割高で、夜は格安になる東京電力の料金プランです。もともとはオール電化の家庭用に設定された料金体系ですが、そうでなくても申し込むことができます。

実際には細かい計算方法があるのですが、大枠でいえば、朝7時から夜11時までが通常の電気料金の23％増し、夜の11時から朝7時までは電気料金が約60％引きになります。夜に多くの電力を消費する人にはとてもお得です。この料金体系を階段グラフで表わすと図63のようになります。

図63　おトクなナイト8の電力料金

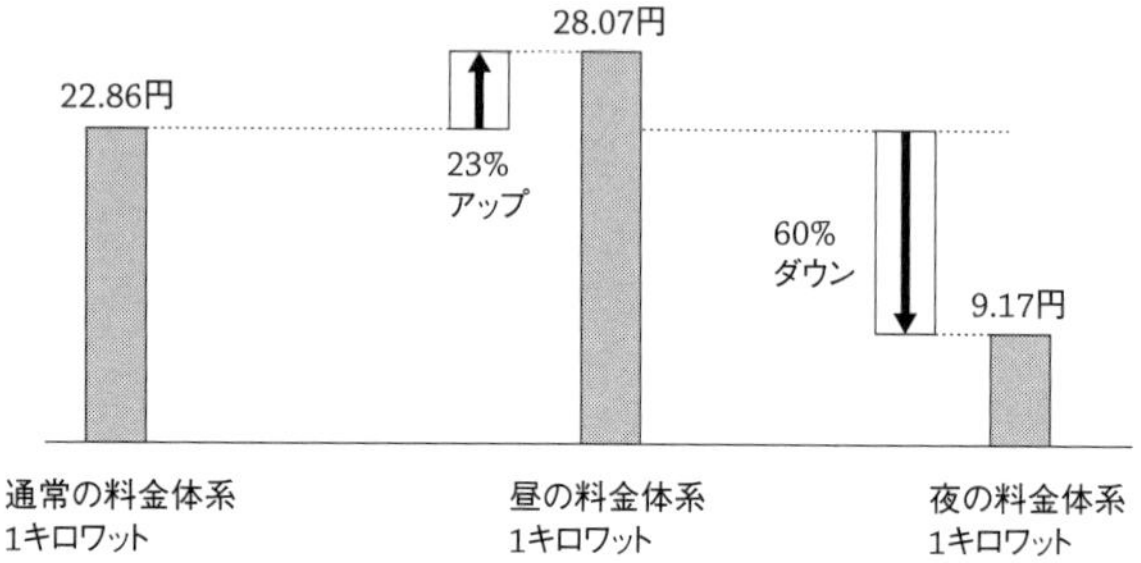

注：数字は概数であり、詳細は東京電力のウエブサイトをご覧ください。おトクなナイトのページ（東京電力）
http://www.tepco.co.jp/e-rates/individual/menu/home/home03-j.html

この料金体系に変更するには自宅の電気メーターを交換する必要があるため、一度申し込むと簡単には元に戻せません。そこで申し込む前にちきりんも「このプランにしたら、本当に我が家の電気料金はかなり下がるのかしら？」と、慎重に検討しました。

まず自宅にあるおもな家電の消費電力を調べて、それに週当たりの使用時間を掛け電力の総使用量を計算します。次にそれぞれ「夜に使う比率」「昼に使う比率」を考え、夜と昼の電力使用量の割合を計算しました。それを階段グラフで視覚化したのが図64です。

この階段グラフを見ると、ちきりん家の

図 64 ちきりん家の昼夜別の消費電力

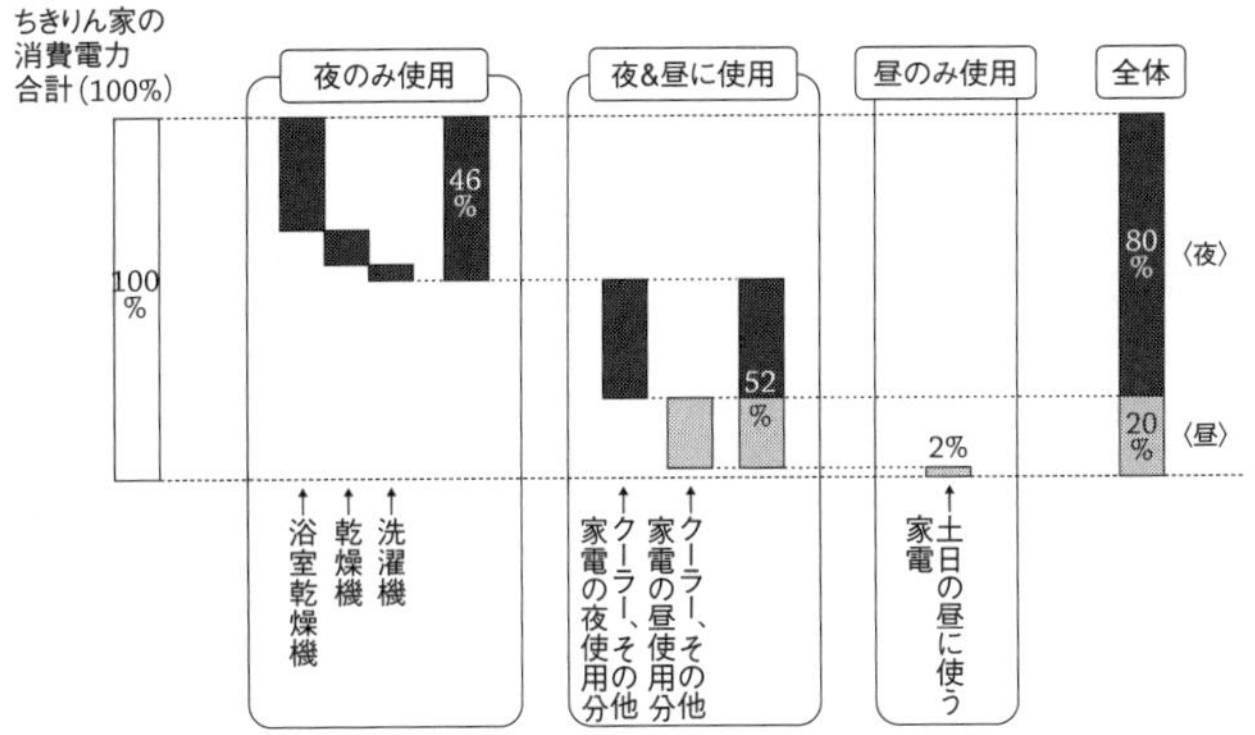

消費電力のうち半分近い46%が、浴室乾燥機、乾燥機と洗濯機という3つの家電の消費電力だとわかります。ということは、これらの3つの機器を「昼間に使わなくてもすむか？」という点が、ちきりんが〝おトクなナイト〟プランを利用すべきかどうかの分かれ目になるわけです。

当時、帰宅時間が22時以降になることの多かったちきりんは、浴室を使うのも洗濯をするのも23時以降が大半でした。そのためこの46%部分は、ほぼ夜しか使わない電力でした。

さらに他の機器もあわせて計算してみると、結果として「80%近い電力を夜に使っている」ことも明確になりました。これなら少々計算に誤差があったとしても、今よりは電気料金は安くなるでしょう。そこでちきりんは迷わず「おトクなナイト8」を申し込み、そして実際に電気料金は年間で2万円以上安くなったのでした！

マイナスも視覚化できる

階段グラフには「小計を視覚化できる」ことの他にもうひとつ特徴があります。それは「マイナスも視覚化できる」ということです。たとえば、**図65**のような会社があったとしましょう。

今年は売上が3割も伸びたにもかかわらず、コストがそれ以上に上昇したため利益が減って黒字から赤字になっています。このデータをグラフ化する場合、**図66**のようなグラフにされることが多いのですが、このグラフを見ても、「売上が増えたにもかかわらず利益が減少したのはなぜなのか？」という最も重要な点について、なにひとつわかりません。

「このグラフを見て、なにが言えるか考えろ！」と言われても、あらためてコスト明細を見せてもらわないとなにも言えないでしょう。

一方、同じデータを階段グラフにすると**図67**のようになります。

図65 某社の損益計算書（昨年と今年）

	昨年	→	今年
売　上	100	→	130
人件費	30	→	40
材料費	25	→	50
光熱費	10	→	20
販促費	15	→	30
支出合計	80	→	140
利益	20	→	△10（赤字）

単位（億円）

図66 売上と利益の変化

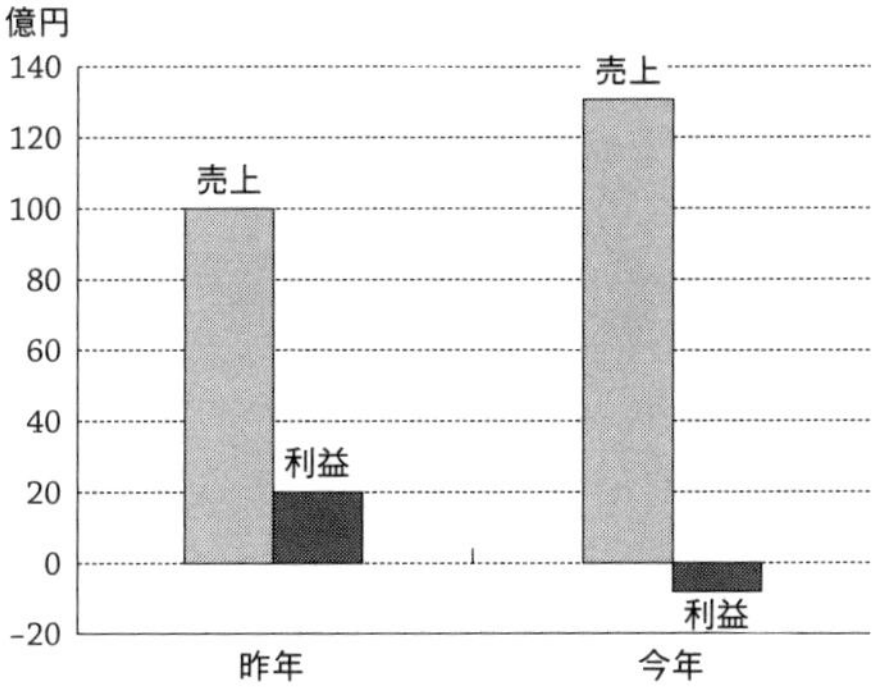

図67　売上と利益の変化（階段グラフ）

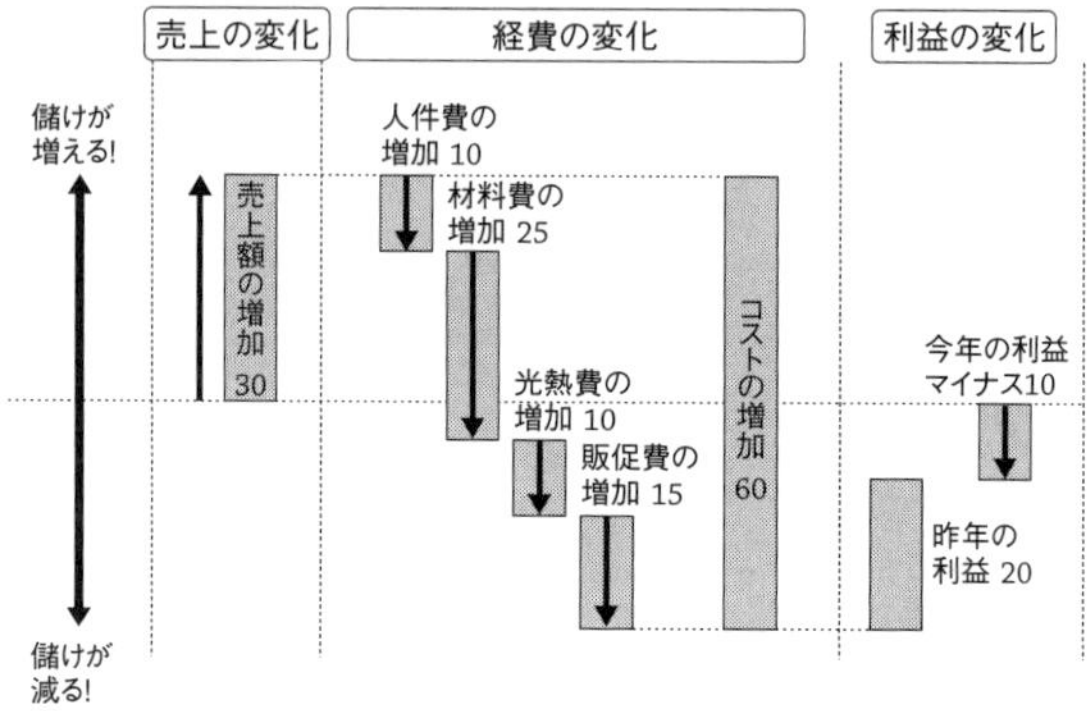

一見複雑にも見えますが、この図67からは「売上は昨年より3割も上がったのに、材料費の高騰や人件費、光熱費、販促費などコストが軒並み上昇したために赤字になってしまった」ことが視覚的に理解できます。

経営会議に出されたグラフが最初の図66であれば、役員らは添付資料の細かい財務データを見ないと「売上アップなのになぜ赤字なのか？」さえ理解できません。しかし階段グラフの図67が手元資料に載っていれば、すぐに「材料費が25億円も上昇した理由は資源高か？」とか、「ほぼすべてのコストが上昇しているなんて、管理が甘すぎるのでは？」といった議論をはじめることができます。

階段グラフのような高い表現力をもつ分析的なグラフを使うと、一定時間内に考えられることの量が大幅に増やせるという意味で、まさに「思考の生産性」が上昇するのです。

プロセスと階段グラフを組み合わせる

この階段グラフを、ビジネスプロセスや産業プロセスと組み合わせるとさらに議論をしやすい図（＝思考を促進する図）ができあがります。

たとえば、材料を仕入れて商品を製作し、自社で販売しているメーカーのコスト構造は**図68**のように表わせます。こうやってみると、この企業では総コストに占める製造費の割合が極端に高く、工場の海外移転など製造プロセスを抜本的に見直さない限り、利益率の大幅な向上はのぞめないことが一目でわかります。

応用編として、産業プロセスとの組み合わせ例も見てみましょう。出版ビジネスには、著者、デザイナー、出版社（編集者、営業）、製紙メーカー、印刷会社、取次、書店など、多くの関係者がかかわっており、本の売上はそれぞれの関係者に分配されます。細かい比

図68　とあるメーカーのコスト構造

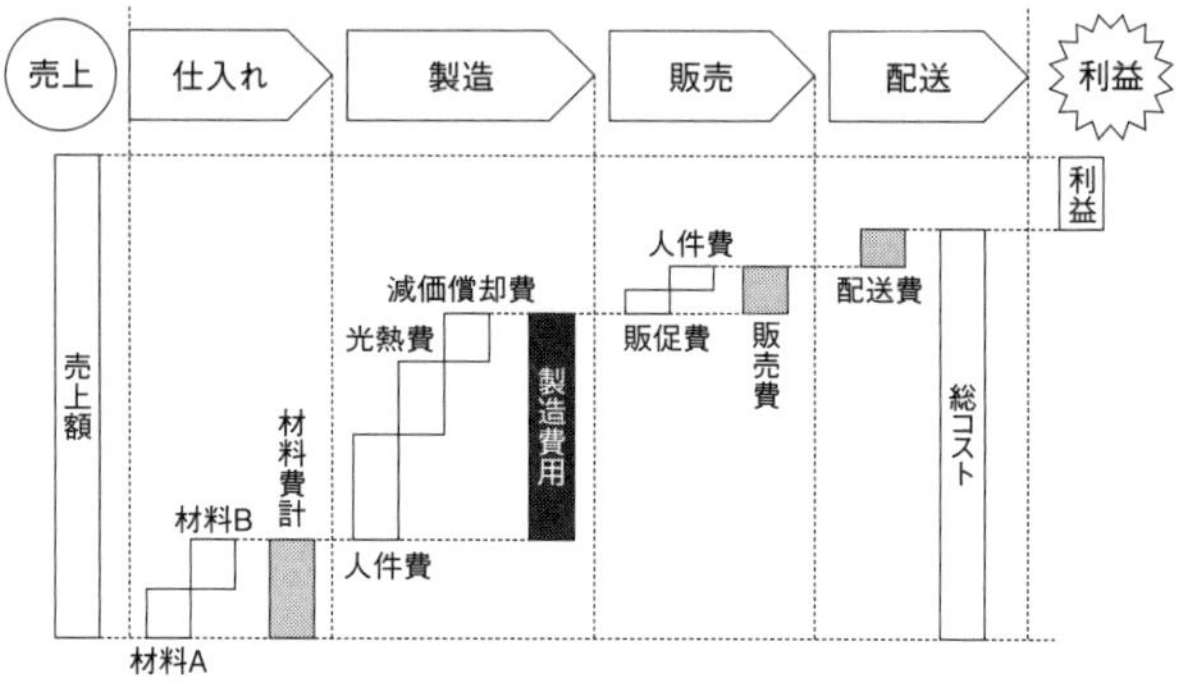

率は正確ではありませんが、各関係者に配分される取り分を階段グラフで表わすと図69のようになります。

ここに「出版社から書籍を直接仕入れ、取次や書店を通さずに、インターネット上のサイトで直接、消費者に書籍を販売するネット書店」が参入してきたとしましょう。そういった企業は図70の黒色の部分を自社の売上として取り込むことを狙って進出してきます。

また電子出版になれば、紙や印刷コストが不要になり、かつ、販売にも従来の取次や書店を使わなくなるので、図71の黒色の部分のコストがかからなくなります。そこでその部分を誰が獲得するのか、というの

図69 出版業界全体の利益配分

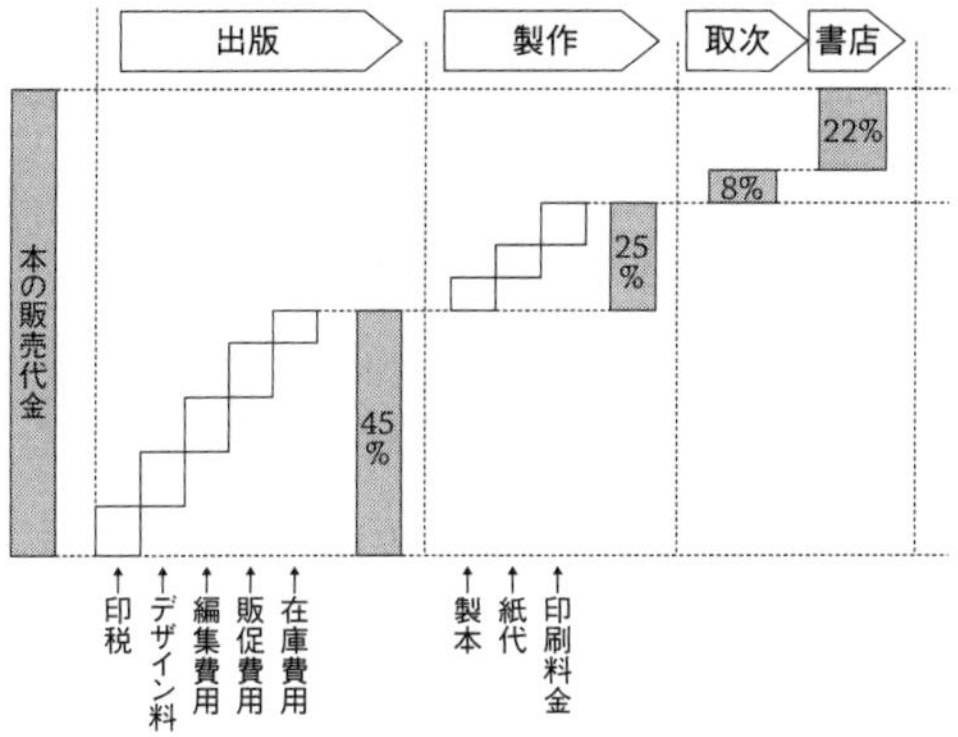

図70 ネット書店の取り分

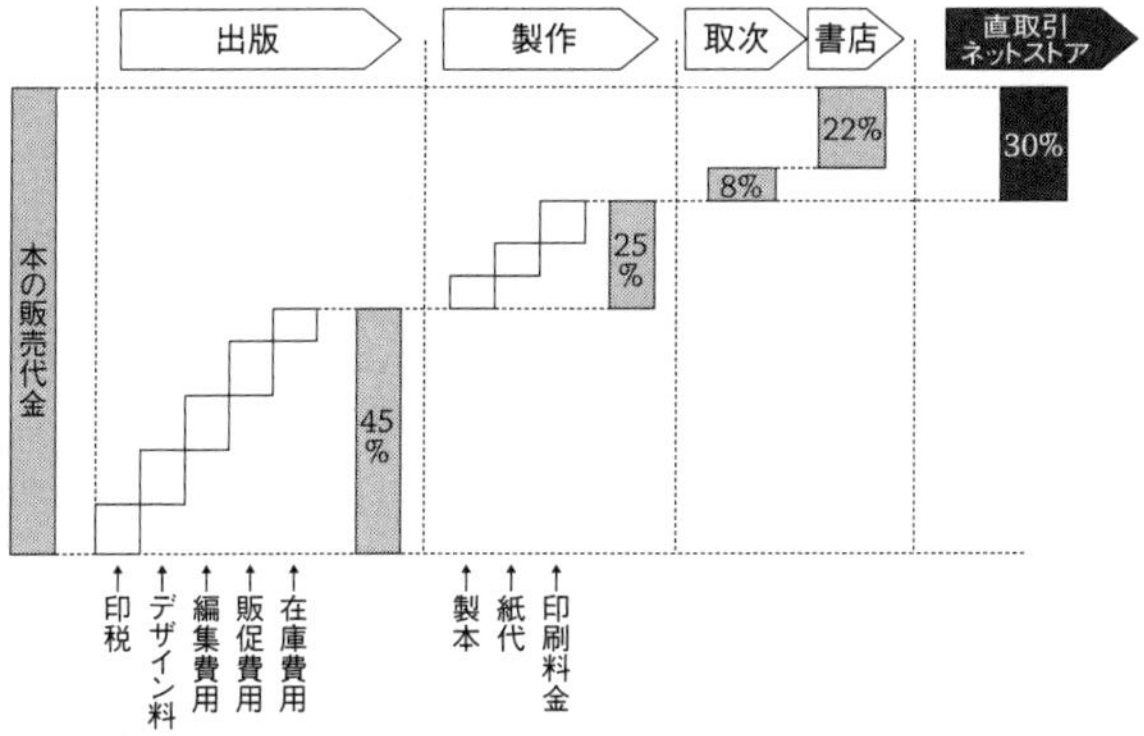

図71　電子書籍のコスト削減分

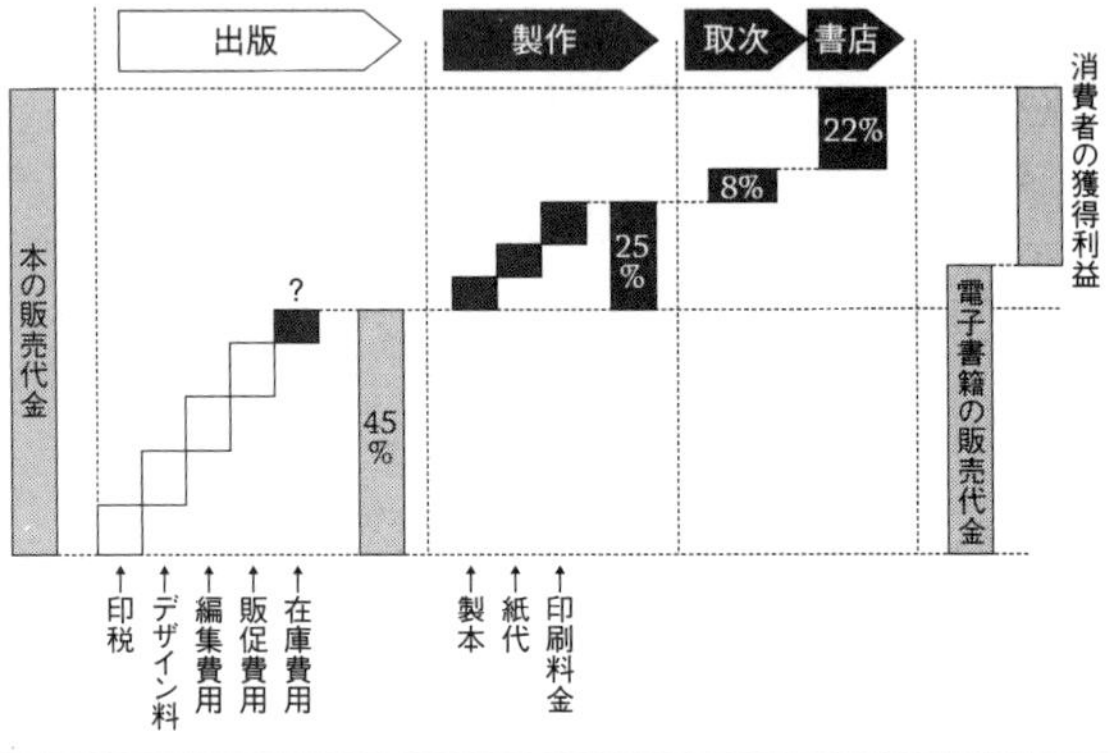

が問題（取り合い？）になります。

実際には電子出版になれば、本の価格自体が下がるでしょう。その価格下落分は、「電子書籍化によって浮いたコストのうち、消費者が獲得した部分」と解釈できるわけです。

ビジネス書によく出てくる「ビジネスモデル」とは、こういった「全体の利益のうち、どの部分を誰が獲得するのか」に関する「設計モデル」ともいえます。新事業のビジネスモデルを検討する際にはこういったグラフを手元に議論をすると、数字の一覧表や円グラフ、棒グラフだけを見ながら考えるよりアイデアも出やすいし、現実的な議論が進みやすくなるでしょう。

思考も視覚化してみよう！

情報をうまくグラフ化すると思考が進みやすいのは、数字の情報を扱う場合だけではありません。数字以外の情報、たとえば自分の考えを視覚化する試み、すなわち「思考の視覚化」も、大いに考えることの助けになります。

いきなり「思考の視覚化」と言われてもイメージがわかないかもしれませんね。図72のAとBを比べてみてください。それぞれの図から、これを描いた私の「考え」がどんな考えであるか、想像してみてください。

ふたつの図に使われている言葉は同一ですが、多くの方は、ふたつの図から異なる思考(=ちきりんが考えたであろうメッセージ)を受けとられたでしょう。同じ言葉しか使われていないふたつの図から異なる思考をみなさんに伝えたのは、「文字情報」ではなく「視覚情報」です。つまり、図72においては私の「思考が視覚化」されているというわけです。

「思考を視覚化する」ためには「思考を言語化する」よりも、より突き詰めて考えることが求められます。

図72 「仕事は人生においてとても大事だ」

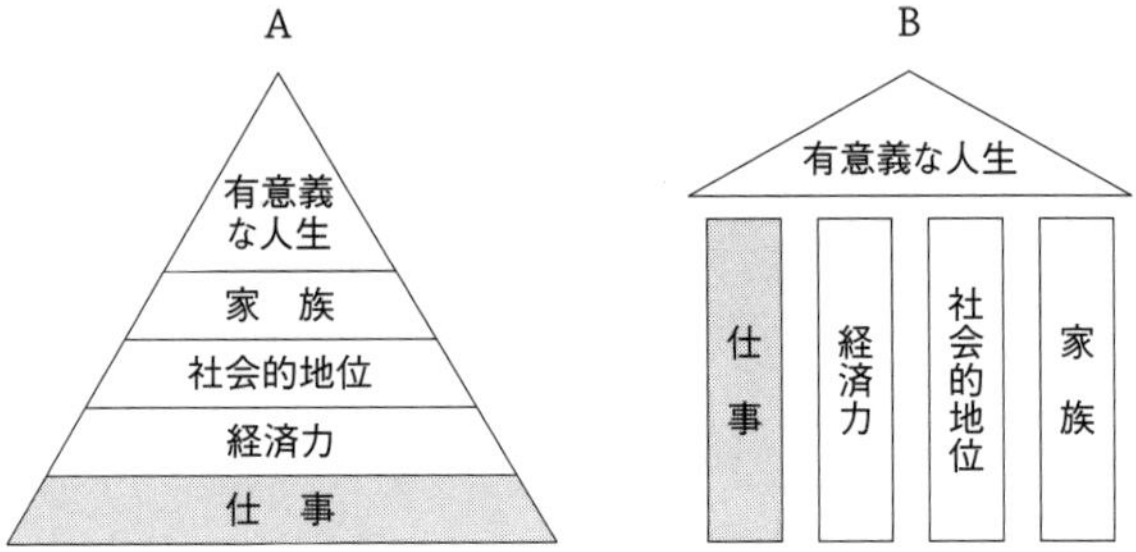

たとえばある人が言葉で「仕事は人生においてとても大事だ」と言ったとします。もっともな言葉ですから、言っている方も聞いている方もそれだけでわかった気になってしまいます。

しかしこの発言者は、「じゃあ、あなたの言っていることは、図Aと図Bのどっちなの？」と聞かれたら、その問いにすぐに答えられるでしょうか？

「仕事は人生においてとても大事だ」という発言を聞いて「そうだよね」「わかるよ。僕も同じ意見だ」などとなんとなく納得していた人達も、「ではみなさんが賛成したのは、図Aと図Bのどちらだったのですか？」と問われれば、すぐには答えられないでしょう。

「仕事は人生においてとても大事だ」という言葉をさらに突き詰めて、「仕事は人生においてなぜ大切なのか？」とか、「仕事の大事さと家族の大事さはどういう関係にあるのか？」などと考えないと、図Aなのか、それとも図Bなのか、答えられないのです。

この「細部まで突き詰めて考えていないと、思考を図にすることはできない」という点を利用すると、図や絵を思考ツールとして活用することができるようになります。

私はブログでもよくグラフ、図や絵などの視覚化情報を使うのですが、その際、最初は言葉で考えたことを「この考えを図にすると、どんな感じになるかな？」と思いながら書いてみます。すると、図の配置や順番をどうするのか、形を丸にするのか四角にするのか、どこに色をつけるべきかなど、迷うことがたくさん出てきます。言語で考えていたときには抜け落ちていた思考部分について（＝抜け落ちていたことにさえ気がつかなかった部分について）、絵にするためには明確にする必要が出てくるからです。

それらの「不明瞭なまま残されていた思考部分」について、図や絵でもキレイに表現できるようになるまで突き詰めて考えれば、最初に頭の中に「なんとなく浮かんでいたアイデア」は一気に具体化します。そこまで考えて初めて、自分の言いたかったことが図Aだったのか、それとも図Bのことだったのか自分でも明確に理解できるというわけです。

思考の過程において、自分の考えを「まずは言語化し、次に視覚化する」というふたつのステップで検証することにより、自分の考えの甘かった部分が見つかり、思考をより深めることができるのです！

終章

知識は「思考の棚」に整理しよう

世界の大事件
NHK、BBC、CNNはこんなに違ってた

序章で「考えるためには知識と思考を区別することが重要」と書きました。知識はしばしば思考の邪魔をすることがあるからです。

だからといって知識が役に立たないわけでも、知識を得るための努力が無駄なわけでもありません。知識は思考のために利用すべきだし、大いに役にも立ちます。最後にこの章では、知識と思考のあるべき関係についてまとめておきます。

ちきりんが考える「知識」と「思考」の最適な関係は、「知識を思考の棚に整理する」というものです。思考の棚の中に知識を整理して入れ込むことにより、個別の知識が意味をもってつながり、全体として異なる意味が見えてくることがあります。そういった「統合された知識から出てくる新たな意味」が、「洞察」と呼ばれるものとなります。

ここでいう「思考を格納する棚」とはどんなものなのか、例を見てみましょう。

9・11が浮き彫りにした日米英のメディアの違い

2001年9月11日、アメリカでいわゆる「9・11テロ」が起こったとき、私は帰宅直後につけたテレビのニュースで事件を知り、そのあとは朝まで固唾《かたず》を飲んでテレビ画面を凝視していました。

当時は年に何度も米国に出張する仕事についていたので、米国の国内線飛行機にひとりで搭乗することもしばしばありました。よく見慣れたアメリカン航空やユナイテッド航空の機体が摩天楼のビルに突撃する映像は、ショックを通り越してにわかには信じがたいものでした。

自宅ではBBCやCNNなど海外ニュースも視聴できる環境だったので、NHKに加えこれらのニュースチャンネルを頻繁に切り替えながら報道を見ていたのですが、日付が変わって2時間ほどたったころ、NHK、BBC、そしてCNNの3局の報道スタイルが大きく異なっていることに気がつきました。

その違いは時間がたつごとに際《きわ》だち、朝の3時、4時になると同じ事件を報道しているとは思えないくらい3つの番組の構成は異なってきたのです。

まずCNNは、自国アメリカで巨大なビルに飛行機が激突するという前代未聞の事件があったわけですから、画面の中はずっとパニックでした。ものすごい量の埃と突風が吹き荒れる路上で「Oh my Goooooood!」と叫び続けるニューヨーカー達、「逃げろ!」「また来た!」「ビルが倒れるぞ!」などの怒声、悲鳴、叫び声……。CNNはパニックになった街の様子を延々と映し出していました。悲痛な臨場感に溢れる映像の連続で、ＣＮＮを見ていると現地の混乱した様子が手にとるように伝わってきたのです。

日本人の安否ばかり伝えるＮＨＫ

そのころＮＨＫはなにを報道していたでしょう？　ビルの倒壊など衝撃的な映像も交えながら、ＮＨＫがひたすら報道していたのは、飛行機が激突し崩壊したワールドトレードセンターにオフィスを構えていた日本の金融機関の社員名でした。

ワールドトレードセンタービルは金融エリアのシンボル的なビルだったので、各国の金融機関がオフィスを構えており、その中には日本の銀行もありました。ＮＨＫはこれらの銀行で働いていた行員名やその年齢を字幕つきで延々と報道しはじめたのです。

ちなみにＮＨＫが報道する名前はほぼすべて日本人名でした。同じオフィスで働いているであろう米国人社員の名前は、ＮＨＫが報道すべき情報であるとは扱われていなかったようです。

また、そのビルにオフィスがある米国や欧州の金融機関にも日本国籍の社員が働いていたと思うのですが、それらも報道されていませんでした。ＮＨＫはおそらく日本の金融機関の東京本社人事部から「ニューヨーク支店在籍の日本人社員名簿」を入手して報道していたのではないでしょうか。

それを見ていて、当時、米国系企業に勤めていたちきりんは、「もしも私がニューヨークで大事故に遭遇しても、NHKは安否を報道してくれないのね」と理解しました。「日本の金融機関に勤める、日本人社員の名前」、それが、世界で過去に例をみない大規模なテロ事件が勃発したとき、日本を代表するテレビ局が「今、報道すべき」と判断した情報だったのです。

圧倒的に分析的なBBC

CNNがパニック映像を興奮気味に放映し、NHKが日本企業に所属する日本人正社員名を読み上げ続けている間、BBCでは早々にテロの背景分析を行なう討論番組がはじまっていました。

丸テーブルを囲んで議論するのは、アラブ政治や国際関係に詳しい専門家や、アルカイダを含めた中東のテロ組織に詳しいジャーナリスト達です。議論には、テロを首謀した可能性がある具体的なグループ名やそのリーダー名もあげられ、さらには、米国がアフガニスタンで過去に行なってきたこと、ソビエト連邦が存在した時代のアフガニスタンの政治的な位置づけなど、詳細な背景解説がはじまっていました。

これはちきりんには大きな衝撃でした。イギリス人がBBCしか見ず、アメリカ人がCNNしか見ず、日本人がNHKしか見ないのであれば、それぞれの国の人に世界はまったく異なって見えるのだろうと思えたからです。私たちはひとつの大事件を目にして、こんなにも違う世界を見ているのだと感覚的に理解できたことは、そのときの私には、テロ事件と同じくらい衝撃的なことでした。

このときちきりんは、「世界の報道機関にはそれぞれのスタイルがあり、それらはこんなにも大きく異なっているのだ」と改めて認識したのです。

報道スタイルを「思考の棚」に整理する

さて、ここまでは私がテレビを見て得た「情報」です。「2011年9月11日、日米英の3つのテレビ局がそれぞれに異なった報道スタイルであった」というのは、ひとつの事実（＝情報）です。別の言い方をすれば、私はそれぞれのテレビ局の報道スタイルを「知識」として得た、と言ってもよいでしょう。

新たな「知識」を得ると「思考」がはじまります。すぐに浮かんだ疑問は、「これは各テレビ局の固有のスタイルなのか？　それとも、テロが起こった場所とテレビ局の距離が関係しているのか？」ということでした。

もしもテロが起こったのがロンドンであったなら、ＢＢＣがパニック映像を流し、ＣＮＮは早々にテロの背景分析をはじめたのでしょうか？　ＢＢＣが冷静で分析的な報道を行なえた理由は、テロが他国で起こったからなのでしょうか？　これが、私が興味をもったことでした。

けれど、この問いへの答えはこの時点では見つけられません。万が一にも次にロンドンでテロが起これば、そのときにはわかるかもしれませんが、そのためにテロを待つなんてありえません。したがって、私のこの疑問に答えてくれる情報はずっと見つからないかもしれません。

しかしここで重要なことは、このときに自分が手に入れた知識を、それをもとに考えたこと（＝思考）の中に整理して格納しておくことなのです。そうすることにより、いつかどこかで必要な（＝知りたいと思っている）知識を見かけたときに、すぐにその知識や情報の存在に気がつくことができます。

よく、「同じものを見ても、いろいろ気がつく人と、ぼーっとしていてなにも気がつかない人がいる」というような言い方をしますが、この両者の差は、「知識を整理するための思考の棚をもっていて、次に知りたい情報を意識的に待っているかどうか」にあります。「思考の棚」を用意し、どの棚にどんな情報が入っているのか、空いている棚はどんな棚で、自分はその棚にどんな情報を欲しているのか。そういうことを意識していないと、実際にそれらの情報に触れても気づかず見すごしてしまうのです。

たとえば今回の例では**図73**のように、縦に「3つの国のテレビ局」を、横に「事件が発生した場所」を並べた、3×3のマス目状の「思考の棚」をつくることができます。

9・11の際、3つのテレビ局の番組を見ていて得た情報はこの表の左側の列に格納されます。そして真ん中と右欄のグレーに塗られた列が、今後手に入れたいと考えている情報の格納場所です。

ちきりんはこのような表を「思考の棚」と呼んでいるのですが、こういった表を頭の中

図73　思考の棚（事件の発生場所と各国テレビ局の報道内容）

		事件の発生した都市		
		NY	ロンドン	東京
テレビ局	NHK	**自国民の安否**	?	?
	BBC	**背景解説**	?	?
	CNN	**パニック状況**	?	?

にもっていると、ロンドンや東京でなにか大きな事件が起こったとき、すぐに「3つのテレビ局の報道はどうなっているだろう!?」という疑問を思い出すことができます。

また事件が起こらなくても、どこかでCNNやBBCに勤めている人に会ったときに、すかさず「じつは9・11の際の各社の報道内容がずいぶん違っていたのだけど、これは各社の報道方針の違いでしょうか？それとも事件の場所と自社の場所の距離の違いだと思いますか？」と質問することができます。

9・11のときに得た、〝3つのテレビ局の放送スタイルの違いに関する情報〟を、こういった思考の棚に格納することにより、「自分が探している情報はなにか?」(図73の「?」の部分はなにか?)ということを意識しておくことができ、そうすれば実際にそれらの情報に触れたときに、すぐにそれが自分の探していた情報であると思い出せるのです。そうでなければ、「僕は昔BBCで働いていたんだ」という人に偶然に会っても、なんの質問も頭に浮かばず、単に「へー、BBCですか! かっこいいですね!」で終わってしまうことでしょう。

このように、情報を適切な棚の中に整理しておけば、「情報感度」を大きく高めることができます。なにげないものを見て「あっ、なるほど!」と瞬時になにかを考えつく人の頭の中には、「次に自分がほしいのは、こういう情報だ」ということが明確にされた「思考の棚」が存在しているのです。

しかも、そういう人はひとつ、ふたつではなく、数多くの「思考の棚」を頭の中にもっていて、それらに当てはまる新しい情報をどん欲に探しています。なにを見てもなにを聞いても「なぜそんなことを思いつくの?」という人の頭に入っているのは、大量の知識ではなく多数の「思考の棚」なのです。

情報感度も高める「思考の棚」

さらに、こういった「思考の棚」を頭の中にもっていると、より発展的に情報感度を高められます。たとえば先ほどの表には、ＢＢＣ、ＣＮＮとＮＨＫの３つの放送局しか入っていませんが、大枠としては、「事件の発生場所と、各国テレビ局の報道内容の関係についての思考の枠組み」です。

こういった表が頭の中にあれば、韓国で大事件が起きたときには、韓国のメディアがそれをどう報じているのか気になりはじめるし、フランスでなにかが起これば、フランスのメディアの報じ方が気になります。これは、頭の中に「一定の思考の枠組みにそって、情報を集めよう」という準備ができているからです。

そして、もしも韓国と日本のメディアの報じ方に共通点があり、イギリスとフランスのテレビ局の報じ方に共通点が見つかれば、「アジアの放送局の特徴」や「欧州のテレビ局の報じ方」について、なんらかの新しい洞察が得られるかもしれません。思考の棚に「アジア」や「欧州」という「地域の棚」を加えることにより、思考の棚をより意味のあるものに発展させていけるのです。

「思考の棚」に合わせて事前に考えておく

ここでもうひとつ大事なことがあります。それは「もし次にこの棚に入るべき情報が手に入ったら、なにが言えるか。結論はなにか」について、事前に考えておくということです。

たとえば9・11のときのメディア比較の例であれば、次に手に入る可能性のある情報は、事前に想定できます。今回のテロはニューヨークで起こったけれど、もしも次にロンドンでなにか大事件が起こったら……と考えると、「それでもBBCは冷静で分析的な報道をするはずだ」と推定することもできるし、反対に「いや、ロンドンでのテロなら、BBCも今回のCNNと同じように現場のパニックを延々と伝え続けるに違いない」と推定することも可能です。

これらの「起こる可能性のあること」を事前に想定し、それが当たった場合にはなにがわかるのか、なにが言えるのか、ということを事前に考えておくのです。

図74では、具体的に「手に入る可能性のある情報」を左欄に書いてみました。

もしもこれらの情報が手に入った場合、それぞれどんなことが言えるようになるでしょ

図74　思考の棚（手に入る可能性のある情報と、そこから言えること）

手に入る可能性のある情報	その情報が手に入ればわかること 言えるようになること
①ロンドンでテロが起こったとき、CNNは分析的な報道を行ない、BBCは現場のパニック状況を延々と報道する	
②ロンドンでテロが起こったときにも、BBCは分析的な報道を行ない、CNNは現場のパニック状況を延々と報道する	
③ロンドンでテロが起こったとき、CNNもBBCも分析的な報道をする	
④ロンドンでテロが起こったとき、CNNもBBCも現場のパニック状況を延々と報道する	

う？　左欄の情報が手に入ったときに、結論として言えるようになることを、それぞれの右欄に書いたのが**図75**です（なお、左欄に書くべき「手に入るかもしれない情報」は、この４種類以外にもありえますが、ここでは省略しています）。

図75では、左欄が「情報」であり「知識」です。これらは外部から得られるものです。一方で右欄に書いてあるのは「思考の結果」です。これらは外部から得た情報をもとに、自分の頭で考えて、出てきたものです。

「どんな情報が手に入る可能性があるか」（左欄）と「その情報が手に

図75　思考の棚（手に入る可能性のある情報と、そこから言えること）完成版

手に入る可能性のある情報	その情報が手に入ればわかること 言えるようになること
①ロンドンでテロが起こったとき、CNNは分析的な報道を行ない、BBCは現場のパニック状況を延々と報道する	どこのテレビ局も、他人事であれば冷静な分析ができるが、自国の事件であれば現場のパニックを報道するものだ
②ロンドンでテロが起こったときにも、BBCは分析的な報道を行ない、CNNは現場のパニック状況を延々と報道する	BBCは極めて分析的な放送局であり、CNNは常に現場感覚をストレートに伝えようとする放送局である
③ロンドンでテロが起こったとき、CNNもBBCも分析的な報道をする	BBCは極めて分析的な放送局である。CNNは他国の事件であれば分析的になれるが、自国の事件については分析的になれない
④ロンドンでテロが起こったとき、CNNもBBCも現場のパニック状況を延々と報道する	CNNは常に現場感覚をストレートに伝えようとする放送局である。BBCは他国のことであれば分析的な報道ができるが、自国の事件では現場情報を優先して報道する

入れば、なにが言えるのか」（右欄）ということを、あらかじめ考えておくというのは、「情報が手に入る前から、想定に基づいて思考しておくこと」を意味します。

そしてこの作業を事前に終えておくと、イザ情報が手に入ったときに間髪をいれず、それにたいする自分の意見を述べられるようになるわけです。

世間では、なにかを見たり聞いたりしたときに、すぐに気の利いた意見が言える人のことを「頭の回転が速い」と言います。周囲の人は、「今得た情報をもとに、こんなに短

い時間であんなにおもしろいことを考えつくなんて、頭の回転がとても速い人だ！」と思うのでしょう。しかし、実際にはそれらの人の多くは、その場で考えているわけではありません。

待っていた情報が実際に手に入ったとき、彼らはそれを頭の中の思考の棚にまるで〝ジグソーパズルの最後のピース〟をはめ込むようにポンと放り込んだうえで、「その情報が存在したなら、こういうことが言えるよね」と、すでに考えてあった結論を「思考の棚」から取り出してきているのです。

つまり、それは、彼らの「頭の回転の速さ」を示しているのではなく、「思考自体がすでに完了していた」ことを示しているのです。

情報の価値が判断できる

さらに、事前に「この情報が手に入ればなにがわかるか、なにが言えるようになるか」を想定しておくと、「その情報を手に入れる価値」も判定できます。

もしもその情報が手に入っても、わかること（図75での右欄）がおもしろくも珍しくもないことであるなら、そんな情報（図75での左欄）を追い求める必要はありません。その情報が掲載されている資料が売られていても、買う必要もないでしょう。

一方で、もし非常に重要なことがわかるのであれば、大きなコストをかけてもその情報を集めにいくべきだと判断できます。

つまり、「その情報が手に入ればなにがわかるのか?」ということを事前に考えることで、「いくらの手間隙とコストをかけて、その情報を集めにいくべきか?」が判断できるのです。


これは仕事にも応用できます。たとえば、会社で部下があなたに「今回の調査に関して購入したい資料集があります。3万円なのですが、経費で買ってもよいですか?」と聞いてきたとしましょう。あなたはその資料の価値が3万円を超えるかどうか、どうやって判断すべきでしょう?

こういったときには、部下に先ほどと同様の表を埋めろと指示すればよいのです。具体的には図76のような表です。

この表を部下が埋めて、右欄の「わかること」「言えること」が明確になれば、それが仕事上、どの程度の価値のあることか、上司のあなたには容易に判定できますよね。

そのうえ、部下が「3万円の資料に載っているであろう情報」の欄に書き込んだこと

図76　思考の棚（手に入る可能性のある情報と、そこから言えること…資料の購入是非）

3万円の資料集に載っているであろう情報	その情報が手に入ればわかること言えるようになること
?	?
?	?

（たとえば「○○商品の国別の市場占有シェア」）が、別の2千円の資料にも掲載されていることをあなたは知っているかもしれません。そうであれば「その情報ならそんな高い資料を買わなくても、あっちの本を買えばいいよ」と助言することもできます。

さらに、本であればお金を出せばすぐに買えますが、情報のなかには収集に時間がかかる長期の観測データや、多大な手間と時間をかけて表計算ソフトや統計ソフトで処理することが求められる膨大なデータもあります。そういった情報も、「その情報があれば判断できるようになること」の価値によって、「1週間かけてでも集めてこい！」とも言えるし、「集めるのはいいが、あんまりコストをかけるな」とも言えるようになります。

特に、しばしば表計算ソフトに向かって徹夜をするような人は、必ず作業をはじめる前に「この表計算が終われば、いったいなにがわかるのか？　それによってわかることは、徹夜してまで知る意味のあることなのか？」という点について、事前に考えておくべきです。

徹夜をして膨大な表計算が終われば、一定の達成感が得られるでしょう。でも、それは「情報を整理し終えたことの達成感」です。本当に大事なことは「整理された情報が手に入ったことで、なにがわかったのか？　なにが言えるようになったのか？」という思考の方なのです。

このように、「情報の価値」とは「その情報によってわかることの価値」なので、後者を明確化することによって「妥当な情報入手コスト」も明確になります。貴重な予算や時間を投入する前に「この情報が手に入ればわかること」を事前に考えておく癖をつけると、無用な情報収集時間を費やさず、その時間を本当の意味での「考える時間」に回す余裕も出てくることでしょう。

変わらないＢＢＣと変わったＮＨＫ

ところで最初に紹介した「大惨事の際の日米英テレビ局の報道スタイルの違い」ですが、これについてはその後（大変残念なことですが）情報が手に入りました。

２００５年７月７日にロンドンの地下鉄とバスを狙った同時多発テロが起こったのです。９・11の記憶も新しい欧米諸国は、今度はイギリスの首都で起こった新たなテロに震撼しました。ちきりんは９・11のときにつくっていた「思考の枠組み」を頭の中からひっぱり出してきて、それぞれのテレビ局の報道に注目しました。

するとＣＮＮは前回と変わらず現場のインタビューを中心とした映像を流していました。これはＣＮＮ固有のスタイルなのでしょう。

そして驚いたことに、ＢＢＣは自国の首都で起こったテロ事件であるにもかかわらず、早々に現場レポートを切り上げて解説番組をはじめていました。その際、テレビの画面を大小ふたつに分割し、小さな画面では現場の様子を音を消したまま映し続けながら、もうひとつの大きな画面では、背景分析や刻々と変わる移動規制などについて報道していました。画面をふたつに分けることで、なにかが起こればすぐに現場レポートに切り替えられる用意をしながらも、分析的な報道も重視するＢＢＣの姿勢は非常に印象的でした。

なお、NHKは9・11のときほどではありませんが、やはりロンドンの金融街シティにオフィスがある日本の金融機関の日本人社員の安否について多くの時間を使って報道していました。これもNHK固有の判断であり、報道スタイルなのでしょう。

さらにその後、2011年には日本で東日本大震災があり、福島第一原発が事故を起こして、その成り行きに世界的な注目が集まりました。放射能の危険性について心配した日本人の中には、このときに初めてBBCの報道を見て、その分析的な報道姿勢に驚いた方もいらっしゃるのではないでしょうか。

またこのときも相変わらずCNNでは放射能の危険性についてパニック的な報道が見られ、これも彼らの報道スタイルをよく反映していると思えました。

ただこのときには、NHKの報道には、今までとは異なる姿勢が見られました。NHKは「津波・地震で亡くなられた方」の名前や年齢を報道することを早々に断念し、進行形で続く原発事故に関する分析的な報道を大量に流しはじめたからです。

どうやら彼らは「事故が起こってしまった」場合は、その背景を分析するよりも個人の安否情報を優先しますが、「事故が起こりつつある」場合は（さすがに？）安否情報よりは解説情報を優先する、ということのようです。この震災のとき、私の目には初めてNHKがBBC的な報道をしているように見えたのでした。

「知識」と「思考」の理想的なカンケイ

私たちは日々大量の知識や情報を得ています。本や新聞やテレビから、ブログやツイッターなどネットから、さらに誰かと直接会って話すことからも、多くの知識が得られます。

重要なことは、それらの知識をそのままの形で頭の中に保存するのではなく、必ず「思考の棚」をつくり、その中に格納するということです。単純に「知識を保存する」＝「記憶する」のではなく、知識を洞察につなげることのできるしくみとして「思考の棚」をつくる――これこそが「考える」ということなのです。

たとえ苦労や努力をして知識を得ても、私たちは使わない知識をすぐに忘れてしまいます。中学・高校時代に習った数学や物理の法則、古文の読み方や歴史の年号をすっかり忘れてしまった人も多いはずです。

しかもこのネット時代、知識はわざわざ自分の頭の中に保存しなくても、ほしいときにいつでも手に入ります。もはや単純な知識の記憶は、たいして意味のある行為ではありません。

一方、人は、「一度じっくり考えたこと」は知識よりも圧倒的に長く記憶に残せます。思考は知識より忘れにくいのです。だから「思考の枠組み」の中に知識を格納しておけば、長く忘れずにすむのです。

新たな情報が手に入ったときには、「この情報を納めるのに適した思考の棚はどんな棚だろうか？」と考えましょう。複雑な棚である必要はありません。シンプルな二次元（縦軸×横軸）の表でいいのです。

①知識は思考の棚の中に整理すること
②空いている棚に入るべき、まだ手に入っていない知識を常に意識すること
③それらの知識が手に入れば言えるようになることを、事前に考えておくこと

これが、ちきりんが考える「知識と思考の、理想的なカンケイ」なのです。

まとめ〜「考える」って結局どうするの？

・いったん「知識」を分離すること！
・「意思決定のプロセス」を決めること！
・「なぜ？」「だからなんなの？」と問うこと！
・あらゆる可能性を探ること！
・縦と横に並べて比較してみること！
・判断基準の取捨選択をすること！
・レベルをごっちゃにしないこと！
・自分独自の「フィルター」を見つけること！
・データはトコトン追いかけること！
・視覚化で思考を深化させること！
・知識は「思考の棚」に整理すること！

以上！

さいごに

高校生のころ、数学の問題集を使って勉強するとき、私は問題をさっと読んだあと、ろくすっぽ考えもせず、すぐに巻末にある解答を見ていました。そこには解法のヒントも載っています。最初に、「問題」「解答」「解法のヒント」まで見てしまってから、「こういう問題は、こうやって解けばいいのね」と理解し、その解法を暗記しました。似たような問題がテストに出れば、同じ方法で解けばいいのです。

私は数学を「考える科目」ではなく、「知識を覚える科目」だと誤解していたのです。各種の問題をパターン別に記憶し、それぞれに使用する解法も「知識」として暗記していました。

こんな勉強の方法では、テストの点はとれても、「考える力」はまったく身につかないのだと気がついたのは、(恥ずかしながら) 社会人になって5年以上たってからです。それまでずっと私は、こういう方法こそ効率がよいのだと思い込んでいました。

でも実際には、こんな方法で勉強していたら、初めて見る問題には手も足も出ません。解法が思い出せなければどこから手をつければいいかもわからないのです。受験ではそれでもまったく問題はありませんでした。数学の入試問題5問のうち、解法が思い出せた3問だけ解いてくれればそれで合格なのですから。

けれど働きはじめたあと、現実の社会には、誰かがあらかじめ用意してくれた解法が存在しない課題がたくさんあると気がつきました。私はそういった課題に取り組む必要が出てきて初めて、「解法を知ること」と「解法を考えること」は異なることだと理解したのです。

さらに、「解法を知ろう、解法を勉強しよう、解法を覚えよう」としていると、「解法を考える力」がまったく身につかないことにも気がつきました。そして私は、巻末の解答を先に見るのをやめたのです。

★ ★ ★

ビジネスの分野でも、人間の生き方や社会の有りように関する分野でも、「古典」とか「歴史的な名著」といわれる本の中には、「人生の答え」「世の中の事象に関する回答」が書いてあります。それらを書いた人は、もともとの能力も凡人とはかけ離れたレベルの人であり、加えて彼らは多くの場合、一生をかけてその分野を突き詰めて研究してきた第一人者です。

言うまでもなく、それらを超えたことをちきりんが考えつくのは不可能です。そしてそう思った瞬間に自分で考えることをやめてしまう自分に気がついた私は、こういった名著を「このことについては、私はもう十分に考えた！」と思えるまで読まないことにしました。

「答えを先に読む」のをやめたのです。「天才さんが考え出した正しい答えを、自分で考える前に読んで、知識として覚える」のをやめたのです。

★
★
★

私は自分のブログに「自分の頭で考えたこと」を書いています。その内容はときにとんでもなく現実離れしているし、読んでいる人があきれるほど珍妙なアイデアも多々あります。

どの分野でも同じですが、自分の頭で考えれば考えるほど稚拙になり、間違いも多くなります。偉大な先人や専門家の智恵に素直に耳を傾け、知識としてそれらを学んだ方が

「わざわざ自分の頭で考える」より圧倒的に効率がよいでしょう。

それでも、「自分の頭で考える」ことはとても楽しいことです。専門家やメディアの受け売りではなく、自分で考えた意見は、荒削りだけれどユニークだし、突拍子もないけれど、ときには自分でもわくわくしてしまうほどおもしろいものになります。

それを知っているからこそ、多くの方が「Chikirinの日記」を読んでくださっているし、私にとってもブログの更新（自分の考えたことのお披露目）が義務でも仕事でもなく、究極の趣味であり日々の楽しみとなっているのです。

★
★
★

ちきりんは「古典や名著を読むな」と言っているわけではありません。本来は、「書物や授業を通して先人のすばらしき思考の功績を知識として学び、さらにその上に自分の頭で考える」のが理想です。

私が数学の問題の解き方を暗記しているときに、「オレの解き方の方がキレイだ」と言っていた同級生は、今は数学者になっています。圧倒的なレベルの知識を目の前にしても、考えることをやめないのが本来あるべき姿勢です。

けれど、当時の私のように「答えとしての知識」が目の前に現れてしまうと、さっさと考えることを放棄し、「なるほど！　これが答えなのね！　すごい！」と感心してそのまま受け入れてしまうような素直な（？）人は、まずは「考える」ことが「知る」こととは違うのだと理解するところからはじめる必要があります。

「知識」と「思考」をはっきりと分け、「知識」を「思考」にどう活用するか、ということを学ばないと、「知識を蓄えるだけ、覚えるだけ」になってしまうからです。そうなったら「考える力」はどんどん減退してしまいます。

自分の頭だけで考えていると、最初は泣きたくなるくらい幼稚な考えしか浮かんできません。ついつい答えを見たくなってしまいます。考えの深い人や博識な人が近くにいれば、すぐにその人の意見を聞きたくなってしまいます。でも、そこをグッとこらえて自分で考えるんです。

この「自分の頭で考える」という、非効率ではあるけれどもすばらしく楽しい思考の世界を多くの方に楽しんでいただきたいと思っているし、そしてそのために、この本が少しでも役に立てばと願っています。

私自身、これからも「正しい答え」ではないかもしれませんが、「ちきりんが考えた、自分なりの意見」を発信し続けていきたいと思っています。その内容はぜひ、「Chikirinの日記」でお楽しみください。

そんじゃーね！

ブログ「Chikirinの日記」　http://d.hatena.ne.jp/Chikirin/

参考文献

『2100年、人口3分の1の日本』　鬼頭宏（メディアファクトリー新書　2011年）
『経済危機のルーツ　モノづくりはグーグルとウォール街に負けたのか』　野口悠紀雄（東洋経済新報社　2010年）
『日本の殺人』　河合幹雄（ちくま新書　2009年）
『現代の貧困―ワーキングプア／ホームレス／生活保護』　岩田正美（ちくま新書　2007年）
『「ニート」って言うな！』　本田由紀、内藤朝雄、後藤和智（光文社新書　2006年）
『コーポレートアーキテクチャー―環境適合型から「自己創造型」経営へのトータル・リ・デザイン』　横山禎徳、安田隆二（ダイヤモンド社　1992年）
『自殺って言えなかった。』　自死遺児編集委員会・あしなが育英会編（サンマーク文庫　2005年）
『大前研一　敗戦記』　大前研一（文藝春秋　1995年）
『「思考軸」をつくれ―あの人が「瞬時の判断」を誤らない理由』　出口治明（英治出版　2010年）

『アフリカ 動きだす9億人市場』 ヴィジャイ・マハジャン（英治出版 2009年）
『韓国大統領列伝―権力者の栄華と転落』 池東旭（中公新書 2002年）
『昭和史 1926-1945』 半藤一利（平凡社 2004年）
『自殺対策白書』（内閣府）
「平成21年中における自殺の概要資料」（警察庁生活安全局生活安全企画課）

[著者]

ちきりん

関西出身。バブル最盛期に証券会社で働く。その後、米国の大学院への留学を経て外資系企業に勤務。マネージャー職を務めたのちに早期リタイヤし、現在は「働かない生活」を謳歌中。崩壊前のソビエト連邦などを含め、これまでに約50カ国を旅している。2005年春から"おちゃらけ社会派"と称してブログ「Chikirinの日記」を開始。政治・経済からマネー・問題解決・世代論まで、幅広いテーマを独自の切り口で語り人気を博す。現在、月間100万以上のページビュー、日に2万以上のユニークユーザーを持つ、日本でもっとも多くの支持を得る個人ブロガーの1人。著書に『ゆるく考えよう』(イースト・プレス)がある。

ブログ:http://d.hatena.ne.jp/Chikirin/
Twitter:@InsideCHIKIRIN
http://twipple.jp/user/InsideCHIKIRIN

自分のアタマで考えよう
「知識」にだまされない「思考」の技術

2011年10月27日　第1刷発行

著　者——ちきりん
発行所——ダイヤモンド社
〒150-8409　東京都渋谷区神宮前6-12-17
http://www.diamond.co.jp/
電話/03·5778·7234(編集)　03·5778·7240(販売)
イラスト——良知高行(GOKU)
装丁————萩原弦一郎(デジカル)
製作進行——ダイヤモンド・グラフィック社
印刷————堀内印刷所(本文)・加藤文明社(カバー)
製本————ブックアート
編集担当——横田大樹

ISBN 978-4-478-01703-6
落丁・乱丁本はお手数ですが小社営業局宛にお送りください。送料小社負担にてお取替えいたします。但し、古書店で購入されたものについてはお取替えできません。